로마서를 아십니까?

Do you know Romans?

● 신앙성숙을 위한 양육교재 ●

로마서를 아십니까?

Do you know Romans?

구 금 섭 편저

KSI 한국학술정보㈜

예수 그리스도를 구주로 믿는 것은 순간순간 가슴이 설레는 탐험입니다. 그것은 이 로마서를 공부하는 분은 느낄 것입니다.

로마서를 격찬하는 사람들에 의하면 마치 성경이 다이아몬드 반지라면 로마서는 다이아와 같다고 했습니다.

로마서는 우리에게 주옥(珠玉) 같은 책입니다.

로마서를 모르는 사람이 기독교를 이해할 수 없고 참 신앙을 가질 수 없다고 생각됩니다. 가톨리시즘(catholicism)을 조직했던 "어거스틴(Augustinus)", 프로테스탄트의 기치를 높였던 "루터 (Martin Luther)" 그리고 "칼빈(John Calvin)" "웨슬레(John Wesley)" 모두 이 로마서에서 진리를 깨닫게 되었습니다.

이 로마서 때문에 기독교의 중심교리가 흔들리지 않고 있으며, 로마서를 이해하지 못한 사람은 영적인 성장을 기대할 수 없다고 생각됩니다.

원미산 자락에서 구금섭

차 례

총 론

1 저자는 누구며 어떤 사람인가?

사도 바울(본명: 사울)

① 유대인으로서 길리기아 다소에서 출생(행9:11, 22:3)

　　※ 다소: 아덴과 알렉산드리아와 더불어 3대 문화의 중심
　　　지로서 크게 번화한 도시(행21:39)

② 베냐민 지파인 아브라함의 자손(롬11:1)

　　※ 사울왕이 베냐민 지파.

③ 나면서부터 로마 시민권을 소유(행22:28~29, 16:37)

　　※ 시민권 있는 자는 특별한 권리를 가졌고 무법하게 재
　　　판을 받지 않고 채찍이나 고문을 받지 않음

④ 종교적인 바리새교인(빌 3:6)

⑤ 가말리엘 문하에서 배웠다.(22:3)

⑥ 율법에 열심(빌 3:5~6)

⑦ 치열하게 기독교를 박해했음(행8:1~3, 행22:4~6)

⑧ 기독교인을 박해하기 위해서 다메섹으로 가다가 부활하신
　주님을 만나 이방인의 사도가 됨(행9:3~9)

⑨ 소아세아와 희랍지방으로 3차례 전도 여행

⑩ 각 지방에서 이교도의 박해를 받으며 많은 교회를 창설

⑪ 예루살렘에서 체포되어 가이샤라 및 로마로 호송

⑫ 기원 77년 네로 황제의 박해로 인하여 순교했을 것이다.

⑬ 그는 예수님의 직제자는 아니지만 12제자보다 더 많이 일을 했고 기독교의 신학적 기초를 세운 점에서 그의 공로는 매우 크다.

⑭ 그의 저서는 로마서, 고린도 전후서, 갈라리디아서, 에베소서, 빌립보서, 골로새서, 데살로니가 전후서, 디모데 전후서, 디도서, 빌레몬서 13권이다.

2 수신자는?

로마 교회

※ 로마 교회는 어떻게 세워졌는가?

3가지 설이 있는데

① 베드로가 설립(가톨릭에서 주장)

② 예루살렘에서 왔던 순례자들에 의해(행2:10)

③ 모여든 이방인들과 유대인 신자들의 자연스런 시작

　　롬 15:20에 근거해서 ②, ③설을 주장하는 학자가 많다.

※ 수신자는 유대인인가? 이방인인가?

① 롬 1:5, 15:16에 저자 자신이 이방인의 사도인 것을 밝힌다.

② 롬 1:13, 11:13에 수신자가 이방인인 것을 밝힌다.

③ 로마는 세계의 각 족속이 모여든 곳으로 자연히 이방인이 많았다.

④ 1:13~32에서 이방인의 죄를 논하고 2:1~23에서 유대인의 죄를 논하고 11장에서도 서로 관련시켜 논하고 있다. 그런 점에서 같이 섞여 있었는데 이방인이 더욱 많이 있다는 것이 타당하다.

③ 이 편지를 쓰게 된 동기는 무엇인가?

바울은 1, 2, 3차 전도 여행을 통해서 소아시아, 마게도냐, 아가야의 중요한 도시에 복음을 전하고

① 바울의 소원은 세계적인 수도인 대로마에 발을 뻗치고 이어서 스바냐에 복음을 전하려고 했다.(1:15, 15:22-24)

② 로마는 세계의 중심지(정치, 경제, 문화, 교통)였음으로 깊은 관심을 가졌고 그 교회에서 복음의 진리를 바로 교육할 필요를 느꼈다.

③ 그러기 위해서 바울이 가기 전에 편지로써 그들을 교육시킨 것이다.

④ 이 편지의 특징은 무엇인가?

복음의 근본인 믿음만으로 의롭게 되고 구원을 얻는 교리에 관한 논리이다.

그러나 이론은 아니고 바울자신의 신앙체험을 기초로 했고 또 그 열정도 그 진리 자체에서 나온 것이다.

5 이 편지를 쓴 곳과 때는?

곳: 고린도에서

① 본서 16:1~2에 바울이 로마서를 로마로 가지고 가는 자로 천거하는 뵈뵈는 고린도 겐그리아 교회의 집사였다.

② 그의 현재 식주는 가이오였는데(16:23) 가이오는 고린도에서 바울이 세례를 베풀었다.(고전 1:14)

③ 현재 문안을 전하는 그 성의 재무 에라스도(롬 16:23)가 딤후 4:20의 인물과 동일하다면 그는 고린도에 머문 사람이었다.

때: AD 57~58년경 이른 봄

바울이 성령 강림절에 맞추어 예루살렘에 도착하기 위하여 고린도를 떠났다.(행 20:16)

6 내가 중생했는가?

성경을 공부하기 전에 내가 중생했는지 점검해 보는 것은 참으로 중요하다.

중생하지 않고서는 성서가 깨달아지지 않고 미련하게 보인다고 했다.(고전 2:14) 왜냐하면 성서는 하나님의 감동으로 기록된 영적인 말씀이다. 이 영적인 말씀을 이해하고 깨닫기 위해서는 내가 영적인 사람이 되어야 한다.

거듭나지 못한 사람이 성서를 깊이 연구한다든지 신학을 연구하는 것은 극히 위험하다. 그것은 하나님의 말씀을 자기 이성으로 판단하기 때문이다.

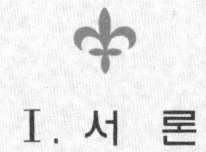

I. 서 론

A. 인사(1 ~ 7)

1. 1~7의 인사 내용을 요약하라.

1절은 송신자인 그리스도의 종 바울이 7절의 수신자인 로마 교우들에게 문안하는데 그 중간에 복음에 관한 깊고도 넓은 교리를 말하고 있다. 즉 육적으로는 선자자들이 예언한 대로 다윗의 혈통에서 났고 영적으로는 부활하신 하나님의 아들 예수 그리스도다.(1:2~4)

2. 바울이 사도직을 받은 이유는 무엇인가?(5~)

모든 이방인에게 하나님을 믿고 복종할 것을 가르침으로써 하나님의 영광을 나타내기 위해서다.

B. 감사와 기원(8 ~ 15)

3. 바울은 로마 교회에 무엇을 감사했으며 무엇을 위해 기도했는가(8~10)

① 그들에게 믿음을 주신 것을 감사했고(8~)

② 로마에 빨리 찾아가게 해 달라고 기도함.(10~)

4. 왜 로마에 가기를 원했는가?

① 영적인 축복을 나누어 주고 힘을 북돋아 주기 위해(11~)

② 피차 믿음을 통하여 격려를 받으려고(12~)

③ 전도의 열매를 맺기 위해(13~)

5. 바울이 "헬라인이나 야만인에게 빚을 졌다"고 했는데 무슨 빚을 졌는가? 14~ 바울은 두 가지를 생각했을 것이다.

① 그가 받은 온갖 친절 때문에 빚진 자라 했고

② 저들에게 전도할 그의 사명 때문이었다.

● 헬라인이란 헬라 나라의 민족을 의미한 것이 아니라 헬라 문화와 사상을 말한다.

야만인이란 bar-bar라고 말하는 사람인데 추악하고 조화가 안 되는 언어를 사용하는 자를 의미한다.

※ 우리에게 복음이 전해지기까지 얼마나 많은 순교자의 피가 흘려졌는가? 그 피에 대한 부채를 지고 있다. 이 부채를 민족과 인류에게 우리는 갚아야 한다.

C. 복음의 요약(16~17)

6. 복음이란 무엇인가?

① 크고 기쁘고 좋은 평화의 소식(눅 2:10, 사 52:7)

② 예수 그리스도 롬(1:2~4)

③ 모든 믿는 자에게 구원을 주시는 하나님의 능력(롬 1:16)

※ 하나님의 능력은 dynamite다.

아무리 완악한 자의 마음도 깨트리는 능력이다. 복음은 교리나 사상이나 교훈도 아니다. 추상적인 단순한 교훈이 아니라 현재 살아 있는 능력으로 활동하시는 구세주 자신 즉 복음이다. 희랍 문화가 보급된 로마에서는 갈릴리 벽촌에서 일어난 십자가의 복음은 철학자나 과학 문명 앞에서 어리석은 것이 되었다.(고전 1:18) 그러나 바울은 조금도 부끄러워하지 않았다.

7. 로마서 주제 16~17을 설명하라.

복음이란 어떤 사람을 막론하고 믿는 사람이면 구원을 주는 하나님의 능력이다. 복음은 하나님께서 인간과 올바른 관계를 맺는 길을 마련했다. 그것은 오직 믿음을 통해서이다. 성경에도……
"믿음을 통해서 하나님과 올바른 관계를 갖는 사람은 산다."고 했다.

8. 믿음이란 무엇인가?

내게서 믿음이 생겨서 믿는 것은 내가 믿는 대상의 신임성에 달려 있다. 구원에 이르는 믿음은 자신의 수양이나 노력이나 종교의식이나 종교적 감화, 신비 체험에 의한 것이 아니다. 이런 것들은 아무리 강한 신념을 가진다 해도 이런 것을 의존하는 것은 멸망 받을 수밖에 없다. 그러나 그리스도에 대한 믿음은 아무리 적더라도 그것이 여러분을 영원히 구원할 것이다. 예수님께서 말씀하시기를 "나를 믿는 자는 영생을 얻었다."고 했다. 이미 얻었다고 했는데 예수 그리스도를 믿지만 그러나 "내가 거짓말하게 될지도 모르고 교만한 대답일지 모르므로 구원받았다고 할 수 없다."고 할 수 있겠는가? 결국은 그리스도를 거짓말쟁이로 만들고 있다는 사실을 알아야 한다.

믿음이란 신뢰다, 의지하고 인정하고 수락하는 것이다.

대상이 신실하지 못할 때는 믿을 수 없다. 믿어보려고 노력할 수도 없다. 구원에 이르는 믿음을 하나님의 은총이며 선물이다. 믿음은 행위로 생기지 않기 때문이다. 믿음은 말씀을 듣고 읽는 데서 생긴다.

Ⅱ. 믿음의 내용에 대하여

Ⅱ. 믿음의 내용에 대하여(1:18~11:36)

1. 믿음의 내용에 대하여(1:18~11:36)

구원은 믿음으로 받는 것이다.

2. 믿음의 실천에 대하여(12장부터)

교리를 밝히고 거기에 입각한 실천을 권장한다.

[1] 어떻게 믿어야 하나?

① 죄악을 논한 부분(1:18~3:20)

② 구원을 논한 부분(3:21~8:39)

③ 전 인류의 구원을 총론 하는 부분(9~11)으로 나뉜다.

A. 죄의 유형(1:18~3:20)

이방인도 유대인도 전 인류도 죄인이라는 단정을 내린다. 구원
이란 긍정은 죄인이란 부정에서 시작한다. 루터는 다음과 같이
말했다.

다만 죄수만이 해방된 것이며 가난한 자만이 부해질 것이며
아무것도 아닌 죄인만이 의인이 될 것이다. 죄인인지 모르는 자

는 그리스도가 필요 없다. 돌을 든 무리 앞에 서 본 자만이 주님의 은총을 알 수 있다.

1. 이방인의 죄는 어떤 것인가?(1:18~32)

종교적인 죄(18~25)와 도덕적인 죄(26~32)로 되어 있다. 이방인이 하나님을 바로 깨닫지 못한 종교 상태는 성적 퇴폐를 위시한 여러 가지 도덕적인 죄를 가져왔던 것이다.

2. 이방인의 종교적인 죄는 어떤 것인가?(18~25)

① 하나님을 영화롭게도 않고 감사치도 않음(21~)
② 생각이 허황되고 마음이 어둡다(21~)
③ 우상 숭배(23, 25)

3. 이방인의 도덕적인 죄는 어떤 것인가?

종교적으로 혼돈한 이방인의 도덕적 생활이 타락된 것이라고 말할 수 없었다.

성적 퇴폐(26~27)
악 덕 죄(28~32)

4. 왜 하나님께서 인간을 내버려 두셨는가?

그들이 하나님을 버렸기 때문
① 우상 숭배(23, 24, 26, 28)
② 하나님의 진리를 거짓 것으로 바꾸었기 때문(25~)
③ 저희가 마음에 하나님 두기를 싫어했기 때문(28)

5. 2000년 전의 죄와 현재의 죄가 다른 점이 있는가?
(18~32) 내 속에 차 있는 것은?

인류의 죄는 아담 이래 변함이 없고 문화가 발달함에 따라 겉만 다를 뿐 속은 똑같다. 너 나 할 것 없이 그리스도가 없는 마음은 모두 더러운 것으로 꽉 차 있다.

6. 유대인의 죄는 어떤 것인가?(2:1~3:8)

그들은 하나님의 선민인 자부심과 종교적 우월감에서 이방인을 정죄하지만 그들은 역시 하나님의 심판에서 제외되지 못하고 그들도 역시 죄인이다.

7. 유대인의 죄와 이방인의 죄가 다른 점은?

① 이방인의 죄는 육적이고 외형적인데 유대인의 죄는 심리적이고 내적이다. 그래서 회칠한 무덤이라고 한 것이다.

② 이방인은 적나라한 죄인의 모습이라면 유대인은 종교적 탈을 쓴 외식적인 인간이다.

※ 현대 기독교인의 죄도 유대인의 죄와 같은데 불신자보다 죄의 책임이 크고 위험하다.

'이 재앙이 누구로 인하여 우리에게 임하였나 알자'하고 제비를 뽑으니 요나가 뽑혔다.(욘 1:7) 요나가 선원들에게 비해서 도덕적인 죄가 컸을까? 요나는 하나님 종이 아닌가, 하나님께서는 하나님 자녀에게 책임을 물으시지 이방 사람에게는 관계하지 않으신다. 우리는 종교적인 탈을 벗어나 소박한 인간성을 가져야 한다.

8. 하나님의 심판은 누구에게 임할 것인가?

① 종교적인 우월감에서 남을 판단하는 유대인(1~5)

② 유대인이나 이방인이나 차별 없이 심판(6~11)

③ 그 표준은 유대인에게는 율법으로 이방인은 양심으로(12~16)

9. 1~3까지 한목소리로 읽고 "사람아"와 "네"를 자기 이름으로 넣어 읽어 보라.

※ 간음하다 잡힌 여인을 돌로 치려던 무리에게 "죄 없는 자가 먼저 돌로 쳐라"(요 8:7) 누구나 죄인이다. 남을 비판하기 전에 자신이 누구인가를 알라. 불완전한 자기의 기준(Rule)에 맞지 않다고 잔인하게 비판해선 안 된다.

10. 악인에 대하여 곧 심판하지 않고 인자하심과 용납하심과 참으심의 이유는?(4~)

벧후3:9 깊은 사랑에 의해 회개의 기회를 주셔서 한 사람이라도 더 구원키 위함이다. 은혜의 날이 가고 구원의 날이 지나면 무서운 심판이 올 것인데 행한 대로 보응하신다.(6~11)

11. 유대인이라고 내세우는 사람들은 어떤 사람인가?(17~29)

① 자기 하나님을 자랑하고 율법에 전적으로 의지(17~)

② 율법으로 선·악을 구별할 줄 알고(18~)

③ 소경을 인도하는 빛이라고 생각했다(19~)

④ 율법을 알고 있기 때문에 무식한 사람과 어린애에게 교사가 되고 스승이 될 수 있다고 자신(20~)

⑤ 그러나 자신은 가르치지 못했다. 도둑질하지 말라고 설교하면서 자신들은 도둑놈들이었다.(21)

⑥ 간음하며 우상 숭배하고(22~)

⑦ 율법을 자랑하면서 율법을 어기며 하나님을 욕되게 했다.(23~)

⑧ 유대인 때문에 이방에서 하나님의 이름이 비방을 받는다.(24~)

※ 할례는 율법을 지키는 자에게 필요하다. 할례를 받지 않아도 율법을 지키면 된다.(26~27)

겉모양만 유대인이거나 몸에 할례의 흔적은 있다 해도 유대인의 속마음을 가져야 진정한 유대인이라는 것이다.(28~)

12. 진정한 할례란?(29~)

마음의 할례인데 그것은 글로 쓴 율법에서 온 것이 아니라 성령으로 오는 것이다. 이것은 사람에게 칭찬받는 것이 아니라 하나님께서 칭찬하신다.

※ 교단소속 교회회원 세례 성만찬 등의 외적인 일은 최후의 심판에는 아무런 힘도 없고 효과가 없다.

13. 할례란?

하나님께서 아브라함에게 언약의 표징으로서(창 17:10) 난 지 8일 만에 남성 생식기의 표피 상부를 자르는 의식이다. 유대인에게 하나님과의 언약의 증거를 선민의 표시로 준 것.

※ 아브라함은 하나님을 믿고 의로워진 후에 할례를 행했다.(창 15:6)

14. 3:1~8 읽고 다음 물음에 답하라.

① 2장에서 유대인들이 이방인과 같이 심판을 받는다면 유대인의 우월성이 무엇인가?(1~2)

많이 있는데 하나님의 말씀을 받은 것이다.

※ 아브라함 링컨 - 성서는 하나님이 인간에게 주신 최대의
　축복이다.

② 유대인의 불신앙은 하나님의 신실성을 폐하느냐?(3~4)

　유대인들은 불신으로 예수가 그리스도이심을 거부했는데
　이 불신이 하나님의 진실을 폐하여 하나님의 약속은 해제
　되고 유대인의 특권은 상실되어 버리지나 않을까 하는 것
　이다. 저자는 시편 51:4를 인용 오히려 그 신실성을 나타
　내고 있다. 그 사람이 하나님의 진실성을 폐하지 못할 뿐
　아니라 오히려 더 입증한다. 왜냐하면 하나님은 약속하신
　대로 메시아를 보내주셔서 구속의 길을 열어 주셨던 것이
　다. 「시 51:4 당신의 말씀에는 언제나 정의가 드러나고 재
　판을 받으시면 언제나 이기신다.」

③ 만일 인간의 불의가 하나님의 의를 나타내면 하나님이 심판
　하실 까닭이 무엇이냐?(5~)

　더 악을 행하자 하지 않겠느냐?(8~)

　결국 하나님은 심판하신다.

　인간의 거짓 때문에 하나님의 참되심이 현저하게 드러났으
　면 하나님과 영광의 공로자가 되지 않겠느냐?(5~7) 때문에
　선을 이루기 위해서는 악을 행하자 하지 않겠느냐?(8~)

　5:20 죄가 더한 곳에 은혜가 넘친다는 말과 같다. 6:1~2 은
　혜를 더하기 위해서 죄에 거할 수 없다는 것이다. 왜냐하면
　죄에 대해 죽은 우리가 죄에 거할 수 있느냐는 것이다. 하나

님은 공의의 하나님이기 때문에 죄인을 심판하는 것으로 해답을 준다. 여기서 어떻게 보면 시원스런 대답이 아닌 것으로 생각될는지 모르나 신앙의 체험 속에서 설명할 문제이다.

15. 전 인류의 죄

시편 14:1~3을 응용하여 인간의 죄성을 신랄하게 규명하고 있다. 전 인류가 예외 없이 죄인이라는 것이다.

> "의인은 없나니 하나도 없으며 깨닫는 자도 없고 하나님을 찾는 자도 없고 다 치우쳐 한가지로 무익하게 되고 선을 행하는 자는 없나니 하나도 없도다."(롬 3:10~12)

9~"우리는 나으뇨"는 우리가 이방인보다도 못하느냐, 아니다. 온 인류가 죄인이다.

16. 율법을 준 이유는?(19~20)

① 전 인류는 모두 죄인이므로 한 마디의 이론도 제기하지 못하고 두려운 마음으로 침묵을 지키고 전 인류는 하나님의 심판에 복종하지 않을 수 없도록 하기 위해(19~)
② 죄를 깨닫고 모두 죄인 것을 알게 하기 위해서(20~)

※ 인간의 무능함과 무력함을 깨닫고 하나님 앞에 감히 설 수
없는 인간임을 알기 위해서

③ 하나님의 사랑과 은혜를 깨닫기 위해서(24~)(그리스도를
통해서)

④ 예수 그리스도에게 인도하는 몽학 선생이다(갈 3:24)

※ 은혜의 하나님께서 율법의 하나님으로 바꾸어질 때의 상황을
말하라.(출 19:4~9)

⑤ 이 세상에 율법을 지켜서 의로워질 사람이 있는가?(20~)

갈 2:16 - 율법의 행위로서는 의롭다 함을 얻을 육체가 없다.
다만 그리스도를 믿음으로만이다.

◎ 바울은 1:18~3:20 죄악에 대해서 말하면서 이방인도 유대인
도 전 인류가 죄인이라는 사실을 단정하고 유대인의 죄는 종
교적이고 이방인의 죄는 도덕적인 것을 밝힌다.

모든 종교는 구원에 이르는 수단으로 선행이 악행을 능가하면
천당에 갈 것으로 생각한다. 그러나 인간의 선행이란 불완전해서
시간이 흐르면 악행으로 심판을 받는 경우가 있다. 사람의 도덕적
비극은 도덕률의 지식부족이 아니라 도덕률을 행하는 능력부족이
다. 하나님께서는 우리 인간의 무능을 잘 아신다. 율법을 주신 목적
도 지킬 능력이 없는 것을 아시고 인간의 마음을 깨닫게 하기 위해
서이다. 내가 도덕적으로 깨끗하다고 해서 오만하다거나 이웃을 정
죄하고 심판하는 것은 하나님께서는 용납하지 않는다. 도덕적으로

지은 어떤 죄도 주님께서는 용납하시고 긍휼히 여겨 주셨다.(간음한 여인, 강도, 세리, 탕자) 그러나 자기가 의인이라고 자처했던 바리새인, 탕자의 맏형, 돌을 들고 정죄했던 무리들을 예수께서는 미워하신다. 자신으로 포만하고 자기 의로 차 있는 자는 예수가 필요 없고 그 사람이 죄인이다. 우리는 거룩하신 하나님 앞에서 겸허히 무릎을 꿇고 참으로 가난한 마음으로 어린이와 같은 심정으로 과거의 모든 불손했던 죄들을 통회해야 할 것이다.

죄란?

하나님과 단절된 상태 즉 아무리 선한 일을 많이 한다 해도 하나님을 모르고 마음의 왕좌에 자기 자신이 차지하고 있으면 그것이 죄이다. 거짓말, 도적질, 간음, 살인은 죄의 결과이다.

근본 죄의 문제(중생의 문제)가 해결되면 자연히 해결된다. 근본적인 죄도 회개할 뿐 아니라 행위에 있어서 죄된 것을 모두 자복하라. 욕심, 미움, 시기, 질투, 악독, 시기, 중상, 모략, 불손, 교만, 부모에게 불순종, 전도 않음 요일 1:9에 근거해서 다 고백하라.

시 66:18 네 마음으로 죄악을 줌으로 주께서 듣지 않음.

사 59: 2 너의 죄악이 너희와 하나님 사이를 내었고 너희 죄가 그 얼굴을 가려서 너희를 듣지 않으신다.

사 55: 7 악인은 그 길을 불의한 자는 그 생각을 버리고 하나님께 돌아오라 그리하면 그가 긍휼히 여기시리라. 우리 하나님께로 나아오라 그가 널리 용서하시리라.

B. 의의 복음(3:21~8:39)

전장까지 전 인류의 죄를 단정한 후 구원의 길이 제시되었다. 죄의 유형은 복음의 필요성을 확인키 위한 것에 지나지 않는다. 이 부분은 바울의 구원론 즉 믿음으로 의롭게 된다는 대진리를 설명한 곳으로 중심부이다.

1. 의인의 교리(3:21~5:21)

1) 하나님께서 인간과 올바른 관계의 길을 주셨는데 어떤 길인가.(3:21~24)

① 그것은 율법과는 관계가 없고 율법과 선지자는 그것을 증명해 준다.

② 예수 그리스도를 믿는 사람이면 누구나 차별 없이 의로워지는 길이 있다.(22~)

※ 원래 하나님께서 인간을 창조하셨을 때는 하나님의 형상대로 풍성하게 살게 했는데 죄를 범했기 때문에 영광스러운 모습을 상실해 버렸으며(3:23) 불행하게 되었다. 그러나 그리스도를 이 땅에 보내 주시고 우리 대신 십자가에 제물로 내어 주셔서 피를 흘리게 하셨다. 그래서 이것을 믿는 사람은 하나님과 올바른 관계를 가질 수 있는 은총을 베풀어 주셨다. 이렇게 해서 하나님의 정의(24~25)를 보이시고 당신을 믿는 자

를 의로 여겨 주셨다.

2) 하나님의 의를 설명하라.

사랑의 하나님께서는 인간을 멸하지 않으시고 참으신 것은 한 사람도 멸망치 않게 하기 위한 것이다.(벧후 3:9)

그러나 공의의 하나님께서 당신의 의를 나타내기 위해서는 인류를 심판해야 한다. 여기서 사랑의 하나님은 한량없는 지혜로(26~) 스스로 의로우시며 예수 믿는 자를 의롭게 하였다. 이리하여 하나님의 의가 티끌만치도 훼손함이 없이 의롭지 못한 우리를 의롭게 되는 길로 여신 것이다.

① 하나님의 속성으로서의 의, 완전하며 절대적인 의는 인간
  의 불완전(롬 3:5)한 상대적인 의와 대조한다.

② 하나님의 성취에서 나타난 의
  a. 그의 약속을 지킴으로 3:3, 4
  b. 죄를 심판하심에서 2:5
  c. 예수 그리스도의 죽음을 통하여 사람의 죄를 용서하심
    으로(3:25, 26)

③ 믿음으로 난 의
  하나님과 원수 된 인간이 그리스도를 믿음으로 하나님과
  의 친자 관계로 하나님의 의를 소유한다.(4:3, 6, 9, 22)

예화: 출 13:13

가난한 이스라엘 사람 한 사람이 나귀 새끼 한 마리를 끌고 와서 제사장 앞에서 이렇게 애타게 하고 있었다.

"저는 율법을 잘 압니다. 양도 없고 오직 암나귀 새끼 한 마리가 전 재산인데 이것을 바쳐버리면 저는 아무것도 없습니다. 자비를 베푸시어 암나귀 새끼 목숨만 살려주시면 감사하겠습니다." 제사장은 말하기를 그러나 "여호와의 율법은 어길 수가 없습니다. 안되었지만 나귀 새끼를 가지고 오십시오. 목을 꺾어 하나님께 제물로 드려야 합니다." 옆에서 이야기를 듣고 있던 어떤 사람이 자기의 양을 끌어다 주었다. 드디어 어린양은 묶여서 제단 위에서 죽임을 당하여 피를 쏟았고 불이 그것을 살랐다.

공정한 제사장 "이젠 나귀 새끼를 끌고 가시오. 그 목을 꺾을 필요가 없습니다." 어린양이 대신 죽었습니다. 여기서 보면 길은 오직 하나 그것은 하나님이 인정하시는 "대리자" 하나님의 어린양 예수였다.

세례요한은 세상 죄를 지고 가는 어린양을 보라고 했다. 하나님께서 불경건한 죄인이 예수를 믿는 고로 의롭다 하심에 있어서 그 의는 한 획도 떨어지지 않으셨다. 이러한 구주를 주신 하나님께 찬송과 영광을 돌려야 한다.

3) 믿음의 의란?

믿음으로 의롭게 된다는 것은 하나님께 대한 우리의 태도가 믿음, 순종, 회개와 같은 것이라면 하나님께서는 그 이유만으로 다른 아무런 공로나 행위를 요구치 않고 과거에 어떤 죄도 묻지 않고 우리를 의롭게 여기시고 하나님의 자녀의 특권을 주셨다. (요 1:12) 의로워지는 조건으로서는 행위는 무가치한 것이다. 흔히 생각하기를 어떻게 예수 그리스도를 믿는다고 해서 어떻게 깨끗해진단 말인가? 그럴 수 있다. 그렇지만 이것이 기독교의 신비가 아닌가.

[나는 아무리 행위를 고치려고 해도 고칠 수가 없다. 그러나 그리스도께서 내 안에 계신 것을 믿을 때 성령께서 승리하게 하신다]

구약의 613 계명의 요지가 의인은 믿음으로 살리라는 말을 가르침에 있다고 한다.(합 2:4)

하나님을 믿는 것이 경건의 근본이라고 할 수 있으나 하나님이 계신 줄 아는 정도의 믿음은 마귀도 가지고 있다. 주님과의 깊은 영적 교제를 가지지 않으면 안 된다.

4) 3:25~이 예수를 하나님이 그의 피로 인하여 화목제물로 값없이 의롭다 하심을 얻은 자 되었느니라와 출 12:22~23을 비교하라.

보혈은 하나님께 보이기 위함이었고 그 보혈을 보신 하나님은 우리의 생명을 보장 약속했다.

● 보혈과 십자가 ●

피에 대한 언급이 3:25, 5:9에서 두 번 찾아볼 수 있다. 이 피는 우리의 행한 바를 다루고 있는가 하면 십자가는 우리 자체를 다루고 있다. 피가 우리의 범죄력(힘)을 근절시킨다. 하나님께서 우리의 행위를 묵인하는 것이 아니라 그리스도의 피를 보기 때문이다. 레위기 16장에 보면 속죄일에 대제사장이 피를 가지고 지정소에 들어가서 7번 뿌렸다. 그날에 속죄 제물은 장막 뜰 안에서 공공연하게 드렸고 지정소에 들어갈 수 있는 사람은 대제사장 한 사람뿐이었다. 왜냐하면 구속사업에 있어서 대제사장은 예수 그리스도를 상징하였기 때문이다. 그리고 그곳에서 한 일은 하나님이 기뻐해 주시는 피를 뿌렸던 것이다. 피는 하나님 앞에서 보배로운 것이다. 벧전 1:18-19 "너희가 구속된 것은 금이나 은같이 없어질 것으로 한 것이 아니요 오직 흠 없고 점 없는 어린양 같은 그리스도의 보배로운 피로 한 것이다." 이 보배로운 피에(흠 없고 점 없는) 의해 내가 구속받은 것이다. 여기에 인간의 선한 행위가 섞여질 수 없는 것이다. 다만 하나님의 은총을 찬송하시라.

◎ 이스라엘의 출애굽은 우리들이 이 세상을 떠나 하나님의 나라로 옮김을 의미한다. 그러나 그것보다 더 중요한 것은 죄인과 의인의 심판이다.(유월절 밤) 그런데 죄인과 의인의 구별의 표준은 무엇인가? 도덕적인 선행인가 인격인가? 만약 도덕의 문제나 인격문제라면 애굽도 인격적인 선한 사람이 많았다. 역사에서 찾아볼 수 있다. 또 이스라엘 사람 중에는 죄

가 크고 우상 숭배, 간음, 도적질 비인격적인 사람이 많다. 그럼에도 불구하고 하룻밤 여호와의 사자가 온 나라 안을 돌아다니면서 이스라엘은 구원하고 애굽을 쳤던 것이다. 이유는 어디에 있었을까? 오로지 양의 피 때문이었다. 하나님께서 우리를 심판하신 것은 바로 이것이다. 사회사업, 교회봉사, 십일조, 자선사업에 의하지 않고 오직 그리스도의 보혈피로 감추어 있느냐 아니냐로 심판하는 것이다. 이 피가 우리 집 문설주와 인방에 발라졌음을 생각하라. 어떤 피조물도 우리를 그리스도의 사랑에서 끊을 수 없을 것이다. 이 사실을 믿지 않으면 평화가 없다.

5) 27~ 유대인의 자랑할 때가 있느냐?

(선민이라고 자랑했는데……)(27~28 한목소리로)

믿음으로 의롭게 되는 새로운 길이 계시됨으로 이젠 별별 유대인의 자랑은 닫혀버렸다. 왜냐하면 복음에는 전통이나 문벌이나 교파나 어떤 것이라도 자랑할 수 없고 오직 믿음이 의인의 조건이기 때문이다.

6) 3:29~하나님은 홀로 유대인의 하나님뿐이뇨?

유대인들은 하나님의 언약의 백성으로서 하나님을 독점하고 살았다. 그러나 신약에서의 하나님은 유대인에게 독점할 수 없다. 만 인류의 하나님이시다.

7) 3:28 율법의 행위로는 의롭지 못하고 30~ 할례도 무할례도 다를 바 없
다면 31~ 구약성서의 율법은 완전히 무효로 돌릴 것인가?

그렇지 않다. 율법으로 본 위치에 굳게 서게 한다. 율법을 추구
해서는 율법의 목표인 의에 이르지 못한다. 그러나 믿음으로 먼저
인정받고 계속하여 의로운 생활을 하면 그때 율법은 완성하는 것
이다. 마 5:17 율법은 율법으로서가 아니다. 믿음으로 굳게 세워지
는 것이다.(율법을 폐하러 온 것이 아니라 완성하러 왔다)

▮제4장(구약에 나타난 의)

8) 아브라함은 어떤 사람인가?(4:1~)
  (1) 노아의 10대손
  (2) 하나님의 선민
  (3) 유대인의 조상
  (4) 할례의 시조 창 17:10
  (5) 믿음의 조상

9) 아브라함이 의롭다 함을 얻은 것은 무엇인가?

창 15:6 아브라함이 여호와를 믿으니 여호와께서 그를 의로 여
기시고,
  ① 4:1~8 행위에 있지 않다.

② 4:13~16 할례에도 있지 않다.(할례받기 전에 의로워졌다)

③ 4:13~16 율법에도 있지 않다.(모세 때 율법을 받다)

④ 4:17~25 오직 믿음에 있다.

10) 믿음으로 의로워진 자의 행복에 대해서 다윗은 어떻게 말했는가?

롬 4:6~8 시편 32:1~2(한소리로 읽어라)

11) 아브라함의 신앙의 특징을 쓰라.

① 죽은 자를 살리시는 하나님을 믿고 4:17~

② 없는 것을 있게 만드시는 하나님을 믿고 4:17~

③ 바랄 수 없는 것을 오히려 바라고 믿음 4:18~

④ 약속을 반드시 실행할 것으로 믿은 것 21~

※ 이런 믿음을 하나님께서는 의로 여기셨다 22~

12) 우리는 어떤 믿음을 가져야 하는가?

① 예수와 함께 부활시킬 것을 믿음 24

② 우리는 공로 없지만 믿음으로 의인이라 인정하신 하나님
  을 믿고 24

③ 주의 재림을 믿고

④ 하나님의 약속이 불가능 불합리하지만 사실임을 믿는다.

※ 세례나 교파 소속 등이 신앙의 본질이 아니다. 신비체험, 사회
  봉사, 교회봉사 이런 것은 믿음의 표현이긴 하지만 믿음 그
  자체는 아니다. 믿음은 영적인 문제이고 의지를 초월한 하나

님에 대한 절대적 순종의 태도이다.

※ 우리들이 하나님의 축복을 얻으려고 노력하고 그 율법을 지
   킴으로써 구원을 얻으려고 노력하는 것은 하나님의 진노 아
   래서 헤어나지 못한다. 왜냐하면 우리들은 그 율법을 지키는
   데 실패하기 때문이다.(롬 4:15)

13) 로마서 4장을 요약하라

하나님께서 아브라함을 받아들인 것은 그의 선행 때문이 아니
었다. 만일 그렇다면 자랑할 만하다. 그러나 하나님 앞에서 아브
라함은 자랑할 만한 것이 아무것도 가지고 있지 않았다. 그가 하
나님 앞에서 인정받은 것은 그의 믿음 때문이다. 구원은 하나님
의 선물이다. 만일 착한 행실로써 구원을 얻었다면 그것은 거저
주는 것이 못 된다. 구원은 값없이 주는 것이다.

구원은 애쓴다고 해서 주는 것이 아니다. 그리스도를 믿는 신
앙만 있으면 하나님은 죄가 없다고 선언한다. 이 행복은 할례받
은 유대인들에게만 있는 것인가? 아브라함의 믿음으로 의롭다
함을 얻은 것은 할례받은 일이 아니었다. 그가 할례받은 것은 하
나님이 그의 신앙을 보고 축복하신 뒤의 일이었다. 이 할례는 이
미 믿음으로 얻은 의를 확인하는 표로 받은 것이다. 아브라함의
자손에게 온 땅을 주기로 약속한 것은 율법을 지켰기 때문이 아
니다. 그러므로 우리도 아브라함과 같이 믿음만 가지고 있으면
누구든지 하나님의 축복을 받는 것이다.

▌제5장

14) 믿음으로 얻은 행복을 열거하라(5:1~11)

① 의롭다 인정받고(1~)

② 하나님과 영원한 평화를 누리고(1~)

③ 하나님이 주실 평화와 영광을 바라고 기뻐하고(2~)

④ 어려움이나 시련을 당할지라도 그것이 유익할 줄 알고 기뻐하고(2~)

⑤ 성령께서 항상 우리에게 사랑을 보여주심으로 희망에 산다.(5~)

⑥ 죄 많은 우리를 위해 십자가에 죽으셨으므로(8~9) 주께서 우리를 심판에서 구원하신다.

⑦ 하나님의 원수였던 우리가 그리스도를 통해 화해하게 하시고 지금 하나님을 섬기는 기쁨을 누리게 되었다.(10~11)

15) 우리가 죄를 범했기 때문에 죄인인가?

죄인이기 때문에 죄를 범하는가? 5:19 죄인이기 때문이다. 아담의 후손이면 죄인이다. 한 사람의(아담) 불순종 때문에 내가 죄인된 것처럼 한 사람(예수 그리스도)의 순종함으로 내가 의인이 된다.

※ 때문에 행동을 고쳐 보려고 노력하기 전에 내 자체를 고쳐야 한다.

16) 1:18~5:11 전반과 5:12~18 후반을 대조하라.

1. sins(자범죄)	sin(원죄)
2. 죄를 용서	죄로부터 해방
3. 양심을 찌르고	생명을 찌른다
4. 죄의 용서를 받았으나	또 죄를 범할 힘이 있다
5. 그리스도의 피로 해결	그리스도의 십자가로 해결
롬 3:25, 5:9	
6. 행한 바를 다루고	자체를 다루고
7. 범죄를 처리	범죄력을 처리

※ 우리는 주님을 기쁘게 하려고 하고, 겸손해 보려고, 사랑
을 하려고 하지만 할 수 없다.

무엇이 그렇게 할까 롬5:19

아담으로부터 받은(sin)죄가 있기 때문이다.

17) 원죄설(peccatum originate)을 설명하라

(5:~) 엡 2:3 사 43:27

1. 원범죄(Original Guilt) 롬 5:12~19 아담의 범죄와 그 사
실은 그대로 유전되어 그의 모든 자손에게 원죄가 되고
그것이 모든 구체적인 자범죄의 원인이 되는 것이다.

2. 근본적인 부패(Original Corruption)

아담의 범죄로 인해 사람은 나면서부터 부패한 심령을 가

지고 있다. 그것이 악의 근원이다.

3. 완전타락(Total Depravity)

   인간의 근본적 부패의 범죄는 완전타락이다. 선이 전혀 없다. 롬 7:18. 23, 엡 4:18 딤후 3:2~4

4. 전적무능(Total Inability)

   인간 타락의 결과는 전적무능이다. 도덕적 율법적 선을 수행할 능력이 없다는 뜻

   롬 7:18, 24 고전 2:14 엡 2:1

18) 그리스도와 아담의 차이점을 말하라

1. 창 1:26~27 우리의 형상대로 우리가 사람을 만들고……
   아담은 예수님의 형상대로 만들어졌다.

2. 아담이 잠을 잤을 때 하와를 창조했다. 만약 아담을 죽여놓고 하와를 창조했다면 "죽음은" 죄를 내포한 것이기 때문에 죽을 수가 없었다.

   3장 이후에 죄가 세상에 들어온다.

   그리스도의 죽음은 아주 죽은 것이 아니라 3일간이었다.

   마찬가지로 그리스도께서 죽었을 때 그리스도의 갈빗대 곧 옆구리에 무슨 일이 생겼는가?

   요 19:32~37

   주님의 옆구리가 창으로 찔렸을 때 그것은 구속을 위한 것이 아니다. 구속은 요 19:30~에서 "다 이루었다" 다 이루

어 버렸기 때문이다. 그러나 그 옆구리에서 피와 물이 쏟아져 나왔다. 그것은 그리스도의 생명을 우리에게 나눠 주신 일을 상징하는 것이다. 그러니까 그리스도의 죽음의 의미는 2가지인데

① 죄와 상관없이 그리스도의 생명을 우리에게 나눠 주신 것이요

② 또 하나는 그리스도의 죽음을 통해서 아담의 범죄 이전으로 우리를 환원시키기 위함이다. '물은 생명을 상징한다. 피는 구속을 상징한다. 피는 계속해서 하나님 앞에 있으면서 우리 죄를 변호한다'

아담이 뼈를 하와에게 주었듯이 주님은 우리에게 자신을 주셨다.

3. 아담은 그리스도를 상징하고 있고(롬 5:14)

하와는 교회를 상징하고 있다.(엡 5:23~25)

19) 다음은 무엇의 표상(sign)인가?(롬 5:14)

※ 아담 – 둘째 아담이신 그리스도의 그림자 롬 5:14

하와 – 교회 엡 5:23-25

가인과 아벨 – 육의 사람과 신앙의 사람 히 11:4(율법과 은혜)

아브라함 – 모든 신자(롬 4:12)

엘리야 – 세례요한(마 11:14)

멜기세덱(요셉, 다윗, 요나) – 그리스도의 그림자 히 7:17

　　노아홍수, 소돔 고모라의 멸망 - 심판의 그림자

　　출애굽, 가나안 정착 - 광야 생활은 신자들의 신앙적 편력의
　　그림자

● 제사의 모든 제도 - 그리스도의 십자가의 대속의 예표

　　성막 ~ 그리스도의 신분과 성역의 그림자 히 9:

　　방주 ~ 그리스도

　　만나 ~ 말씀 요 6:35

　　우물 ~ 성령 요 4:14

　　율법 ~ 미래에 오실 그리스도의 그림자 히 10:1~

20) 고전 15:45~47 예수님을 "마지막 아담" "둘째 사람"으로 언급 했는데 왜 "둘째 아담 마지막 사람"이라 하지 않았을까?

　마지막 아담으로 인류의 총결산을 했고 둘째 사람으로 새 인류의 머리인 것이다.

　마지막 아담으로서는 베들레헴에서 시작하여 십자가와 무덤에서 끝났다. 둘째 사람으로는 부활에서 시작하여 영원에서 끝났다. 우리는 여기에 포함된 것이다.(죽음과 부활) 롬 6:5 우리는 그리스도 안에서 마지막 아담으로 죽은 것이다.

2. 성결의 교리 6:1~8:17

1) 하나님께서 우리를 죄의 노예에서 해방시킨 방법을 쓰라 6:1~

바울은 "죄에 거하겠느냐?"라는 질문으로 시작한 로마서 6장에서 이 사실을 분명히 한 것이다.

하나님께서는 우리를 죄에서 해방시키기 위해서 놀라운 준비를 하셨다.

그 준비란?

우리가 아담으로부터 태어났으니 아담으로부터 벗어날 유일한 방법은 그 죽음으로 나가야 한다. 죽음만이 그 해결이다. 그런데 우리는 죽을 수가 없다. 아무리 노력해도 너무나 잔인해서 나 자신을 해결할 수가 없다. 그런데 하나님께서 예수 그리스도를 이 땅에 보내서 십자가에 죽으심으로 우리를 죽으심에 포함시켜(합하여, 연합하여, 함께, 본받아 등 6장에 16번) 처치했다는 것이다. 이 사실을(6:3과 6:6~에…… 알지 못하느냐?…… 알았을 즉) 알고 여기면 6:11~되는 것이다. 하나님께서는 우리를 죄에서 해방하는 방법을 우리에게 힘을 주어서 하는 것이 아니라 더욱더 우리를 연약하게 해서(십자가에 못 박음으로) 해결하는 것이다. 이제 옛사람을 죽이려고 헛수고를 하지 말라. 이미 그리스도의 십자가와 함께 2,000년 전에 죽은 사실을 알고 여기면 된다. 〈예화〉 밭에 풀을 뽑은 후 살아 있지만 죽은 줄 알고 그 자리에 두고 앞으로 나간다. 죽은 나무의 열매에 대해서는 일체 생각을 놓으

라. 왜냐하면 죽은 것이기 때문이다. 그리고 포도나무 가지가 되기 위해서도 기도하지 말라. 이미 가지가 된 지 오래다. 요 15:5 "나는 포도나무요 너희는 가지니"

육신의 생각은 사망이요 영의 생각은 생명과 평안이다. 만약 죽은 나무에서 나쁜 열매가 몇 개 열린다고 해서 염려할 것이 없다. 왜냐하면 죽었기 때문이다. 마찬가지로 만약 내 행위가 덕을 세우지 못하고 하나님의 영광을 가렸던 행위가 있었다 해서 그것 때문에 좌절에 빠지고 염려하고 자학하고 열등감에 사로잡힐 필요는 없다. 그것을 생각하고 있으면 한없이 그것이 끌고 지옥으로 간다. 육신의 생각은 사망이라는 것이다.(사단이 그렇게 생각하게 한다) 그것을 무시하고 자복하고 돌아서서 감사하고 앞으로 가면 그것은 생명과 평안이다.

※ 세례란? 6:3~4(같이 읽으라)

세례는 장사를 의미한다고 바울은 말한다.

4절: "우리가 그의 죽으심과 합하여 세례를 받음으로 그와 함께 장사되었나니" ……

누가 장사를 받을 자격이 있는가? 죽은 자뿐이다. 그래서 내가 세례를 받았다고 할 때 나는 죽었으므로 갈 곳이 무덤밖에 없다는 것이다. 우리는 그리스도 안에서 죽어 그와 함께 장사되었다는 사실을 보지 못하는 한 세례받을 자격이 없다. 물을 사용하는 이유는 우리가 이미 죽었다는 것을 의미하고 물속에 장사지내 버린 것을 상징한다. 그러므로 세례를 받은 후 우리는 그리스도의 역사적 죽으심과 합하여 세례를 받았으므로 그의 죽으심이 우리의 죽음이 된 것을 의미하는 것이다.

그의 죽은 것으로 끝난 것이 아니다. 5~ 그것은 옛 생명이 변화된 것이 전혀 아니다.

"만일 우리가 그의 죽으심으로 본받아 연합한 자가 되었으면 또한 그의 부활을 본받아 연합한 자가 되리라" 우리는 여기서 새 사람이 되는 것이다. 그것은 또 하나의 생명, 완전히 새롭고 완전한 하나님의 생명이 나의 생명이 된 것이다. 이것이 중생이다.

2) 죄와 육체와의 관계를 설명하라. 6:12~14

성서적 입장에서 본다면 사지백체(四枝百體)에 따르는 본능적 욕구 그 자체는 죄가 아니다. 그리고 악도 아니며 하나의 자연현상 그것이다. 우리의 뼈를 둘러싸고 있는 살덩이를 죄라고 한다면 체구가 큰 사람은 더 죄가 클 것이다. 그런데 어떤 사람은 고깃덩이가 죄나 있는 것처럼 고행을 하고 자학을 하는 사람이 있다. 다만 이 백체가 죄의 노예가 될 때 즉 하나님을 배반하고 사단에게 복종할 때 이것들은 불의의 병기가 되어 죄를 범하게 된다. 따라서 이 백체가 하나님께 바쳐져서 의의 병기되게 할 수 있다.

※ 죄에서 해방하는 방법 중 하나님의 방법과 인간의 방법은 어떻게 다른가?

인간의 방법은 죄를 극복하기 위해 죄를 억제하려고 노력하는 것이고 하나님의 방법은 죄인을 죽이는 것이다. 많은 크리스천들이 자신들의 연약함을 슬퍼하고 있다. 그들은 좀더 강했더라면 모든 것이 무사하리라고 생각한다. "내게 힘이 더 있었더라면 분노의 폭발이 제어되었을 것인데"라고 말한다. 그래서 우리는 자제할 수 있는 힘을 달라고 주님께 기도한다. 이것은 전적으로 그릇된 생각이다. 이것은 기독교가 아니다. 하나님께서 우리를 해방하는 방법은 힘을 주심으로가 아니라 더욱더 연약하게 만듦으로 하시는 것이다.

3) 은혜 아래 있기 때문에 죄를 범해도 심판을 받지 않을 것인가?

은혜 아래 있는 자는 하나님의 종이기(16~) 때문에 그 자체를 하나님께 바치지 않으면 안 된다(19~)

나는 이제 나의 것이 아니다.

(예)내 호주머니의 돈이 내 것이라고 생각할 때 마음대로 쓰지만 남의 것이라는 것을 알면 쓰지 못한다. 우리가 사는 것은 나 자신에 대해서가 아니라 "하나님께 대하여" 살아 있다는 사실을 알아야 한다. "내 시간, 돈, 정력" 모두 주님께 속해 있다.

4) 내 몸은 하나님의 성전(고전 6:19~20, 고후 4:7~10)

[내 안에 거하시는 성령님은 단순한 영향력이 아니라 '살아계신 하나님이시다'라고 생각을 하면 환희의 고함을 지를 것이다.] 나의 질그릇 속에 말할 수 없는 보배 곧 영광의 주님을 모시고 있는 것이다.

[여러분은 여러분의 마음 가운데 여러분이 살고 있는 지역을 움직일 수 있는 능력이 있다는 것을 아는가?]

하나님의 성령으로 거듭난 여러분은 여러분의 마음 가운데 하나님을 모시고 있는 것이다.

[우리에게 맡겨진 보배의 위대함을 깨닫는다면 모든 경솔하고 거만한 행동도 하지 않을 것이다.]

(예) 내 질그릇의 가치는 그 질그릇의 질에 의해 평가되는 것이 아니라 내용이 무엇이냐에 의해 질그릇의 가치가 평가된다. 구약시대에 수백 개의 장막이 있었다. 그러나 그중에는 특별한 장막이 하나 있었다. 다른 많은 장막에서는 마음대로 식사도 하고 잠도 자고 싸움, 금식, 쉴 수도 있었다. 그러나 한 장막에서는 경외심과 두려움을 일으켰던 장막이었다. 그 장막 앞에 설 때는 엄숙하고 조용하게 머리를 숙였다. 그 장막을 만지는 사람은 누구나 형벌을 면할 수 없었다. 만일 사람이나 짐승이나 감히 그 곁을 가지 못했다. 그것은 하나님의 장막이었다. 그 장막 자체에는 특별한 것이 없었다. 외적으로는 아주 평범한 자세로 되어 있었다. 그러나 위대하신 하나님은 그곳을 택하여 거처로 삼으셨던 것이다. 하나님께서는 장막 같은 우리 속에 거하신 것이다.(고전 6:19, 20)우리가 하나님의 성전이며 하나님의 성령이 우리 안에 거하시는 사실을 우리가 알 때 경솔한 행동이나 향락적인 모든 행동을 청산할 것이다.

우리가 성경지식이나 세상 모든 학문의 지식은 많이 갖지 못했다 해도 또 많은 돈을 갖지 않았다 해도 하나님을 모시고 다 닌다는 사실을 알아야 한다.

◎ 승리적인 그리스도인과 패배적인 그리스도인의 차이는?

전자는 성령을 모시고 있고 후자는 성령을 모시고 있지 않는 것이 아니라 전자는 성령의 내주를 알고 있고 후자는 그것을 모르고 있는 것이다. 결과로 전자는 생활의 지배권을 하나님께 맡기고 있고 후자는 자기가 자기의 주인이 되고 있기 때문이다. 우리 자신에 대한 모든 권한을 주님께 포기하고 내 권리를 주님께 맡기고 즉 자신과, 가족과, 재산과, 사업, 시간 모두 주님께 맡기고 예수 그리스도의 절대 지배를 받을 때 하나님의 능력으로 우리는 살 수 있고 하나님의 모든 것은 나의 것이 되는 것이다. 만일 우리가 전적으로 주님께 굴복하고 내주하시는 성령님의 능력을 주장한다면 우리는 어느 특별한 느낌이나 초자연적인 현상을 기대할 필요가 없다. 이미 어떤 일이 일어난 것을 바라보고 주님을 찬송하고 감사할 것이다. 하나님께서는 우리가 성전이므로 영광을 가득히 채우고 있으니 우리는 자신을 가지고 하나님을 감사할 수가 있는 것이다.

5) 어떻게 주님의 종이 되었는가? 6:19~23

주님 편에서는 나를 사셨고 내 편에서는 나를 주님께 바쳤다. 그러나 주님께서는 나의 어떤 부분만을 요구하는 것이 아니라 나의 전체와 가장 소중한 것을 요구하신다.(시 40:6~주께서 내

귀를 관통하시기를……)

　우리는 선교사, 복음 전하는 자가 되기 위하여 자신을 바치지 않는다. 그러나 하나님께서 내가 처한 처소에서 마음대로 쓰시도록 바쳐야 한다. 우리는 우리 자신의 것이 아니라는 생각을 항상 가지고 있어야 한다. 나는 주님의 종이기 때문이다.

　"주님의 축복을 기다리자" 내 것을 내가 가지고는 아무리 기도를 해도 그것을 축복하지 않는다. 전체를 드려야만 축복하신다. 그리스도께서 오병이어를 가지사 축사했다. 그때 "오병이어"의 축복의 기적이 일어났다. 혼인잔치의 항아리에 아무것도 없어야 축복한다. 나를 알리고 어떻게 쓰시는가 바라보자 전체를 주께 맡기자.

6) 율법과 은혜의 차이점 6:14~15 7:1~14

율법	은혜(복음)
1. 모세	예수 그리스도
2. 돌판	마음판
3. 시내산	갈보리산
4. 무서운 광경	영광스러운 광경
(가시덤불 불꽃 가운데)	(변화산)
5. 지상에서 인간에게	천국백성에게
6. 옛 계명	새 계명(사랑)
7. 금지의 체계	은총의 체계
8. 죽음의 업무	성령의 직분
9. 죽음	삶
10. 하나님 앞에서 우리의 말을 막으나	찬송케 한다
11. 하나님 앞에서 죄는 굴혈	하나님의 거룩함에 이른다
12. 가장 훌륭한 도덕도 정죄	사악한 죄인도 사랑
13. 양 떼가 목자를 위해 죽는다	목자가 양 떼를 위해
14. 눈은 눈으로	원수를 사랑하라
15. 간음자를 돌로	나는 정죄하지 아니한다

※ 율법주의자는 유대인에게만 나타난 것이 아니라 가인과 아벨
   때부터 계속해서 교회를 어지럽게 하는 믿음의 적이다. 율법
   주의자를 경계하라.

※ 자아가 죽지 아니하면
   롬 7:1~4 빌 2:12, 13
   남편이 둘이 있는데 여자 한 사람이 난처한 입장에 놓여 있다.

그것은 한 사람의 아내가 될 수밖에 없기 때문이다. 그런데 불행이도 그 부인은 덜 좋아하는 남편과 결혼을 했다. 그 남편은 선한 사람이고 정확하고 정직했다. 모든 것이 분명했고 전혀 흠잡을 것이 없었다. 그런데 부인에게는 마음이 맞지 않고 또 부인은 게으르기 짝이 없다. 그런데 남편은 부인에게 요구를 하지만 그 요구를 다 들어 줄 수가 없었다. 그 남편의 요구는 전혀 잘못이 없다. 문제는 요구를 들어줄 수 없는 무능한 부인이 잘못이다. 부인은 나날이 불행 속에서 헤어나지 못했다. 부인의 소망은 본 남편이 죽기를 원했다. 그것은 본 남편이 죽으면 그 법에서 헤어나고 다른 남자와 결혼할 수 있기 때문이었다. 이 예화는 바울이 롬(7:1~4) 말한 것이다. 첫 남편은 율법이고 둘째 남자는 그리스도시다. 그리고 나는 여자다. 율법은 많은 요구를 한다. 그러나 대책을 세우지 않는다. 예수님도 온갖 요구를 하지만 그 요구를 우리 안에서 이루신다. 마 5:21~48 율법은 우리를 무력하게 만든다. 그래서 이 여자는 그 남자에게 해방받기 위해 죽기를 원했지만 그 남편은 대단히 끈기 있게 살고 있다. 천지는 없어지겠으나 율법의 일점일획도 없어지지 아니하고 다 이루리라.

마 5:18 이렇게 율법이 없어지지 않는다면 나는 어떻게 그리스도와 연합할까? 유리한 한 방법이 있는데 그것은 내가 죽는 것이다. 내가 죽으면 결혼관계는 해소된다. 7장이 부부관계에서 중요한 것은 3절로부터 4절로 옮겨지는 것이다.

1~3절은 남편이 죽어야 하지만 4~은 여자가 죽어진다. 내가

죽을 때 율법으로부터 해방된다. 그런데 여기서 어떻게 내가 죽느냐가 문제이다. 7:4 "너희도 그리스도의 몸으로 말미암아 율법에 대하여 죽음을 당하였으니" 그리스도께서 죽으셨을 때 나는 그와 함께 십자가에 못 박아 죽었다.(갈 2:20을 읽으라)

예수님께서 십자가에 죽으실 때 휘장이 갈라졌다. 휘장은 예수님의 육체를 상징하고 있다. 히 10:20 휘장 위는 그룹들이 수놓아 있는데(출 26:31 대하 3:14) 그것은 자연계의 피조물을 상징하는 얼굴들이 있었다. 휘장이 찢어질 때 그룹까지 갈라져 버린 것이다. 예수님이 죽으실 때 우리도 함께 죽는 것이다. 율법이 아무리 힘이 세다고 할지라도 죽은 여자에게는 조금도 영향을 미치지 못한다. 우리는 율법에서 영원히 해방된 것이다. 그리스도의 죽음과 함께 죽었을 뿐 아니라 그리스도의 부활과 함께 다시 부활한 것이다. 그러나 육신으로 하나님을 기쁘게 하려고 노력한다면 그 즉시로 나는 나 자신을 율법 아래 둔 것이다. 율법 아래서 해방되었다는 말은 바울사도의 고백과 같이 선을 행하려고 하는데 선이 내게는 없다(롬 7:18)고 고백하고 새로운 하나님의 능력을 활용하는 것이다. 그러니까 내가 다시는 하나님을 기쁘게 하려고 노력 않겠다는 말이다. 하나님을 위해서는 나는 아무것도 할 수 없다는 뜻이다. 빌 2:12, 13 내 안에서 행하시는 이는 하나님이시다. 우리는 죽어지고 전적으로 주님의 부활의 능력을 힘입고 그분에게 의지하는 것이다.

7) 7:1~3에서 부부관계의 비유는 무엇을 교훈하고 있는가?

여인의 전 남편이 죽으므로 그의 법에서 놓여 새로운 남편을 맞이하여 열매를 맺는다는 것이다. 여기의 여인은 신자, 전 남편은 율법, 새 남편은 예수 그리스도 율법에서 벗어나서 은혜 아래 있음을 비유(4~6) 여기서 가장 중요한 점은 남편이 죽어야 한다는 사실을 말하고 있지만 사실상 죽은 것은 여자다(신자)

4절~너희도 그리스도의 몸으로 말미암아 율법에 대하여 죽임을 당하였으니…… 율법은 없어지지 않고 내가 살면 온갖 요구를 다 이루어야 하고 만일 죽으면 그 권한은 상실한다. 내가 지킬 필요가 없다.

(예수께서 율법을 폐하러 온 것이 아니라 완성하러 왔다)

율법에 대해서 내가 죽은 것은 예수 그리스도에게 가서 하나님을 위하여 많은 열매를 맺기 위해서다. 율법을 완성하기 위해서다.

8) 율법이 죄냐? 17~

지금까지(6:14, 7:5) 율법이 죄인 것같이 들렸다. 그러므로 이런 질문이 있을 수 있다. 그럴 수 없느니라. 율법은 죄를 알게 해 주고 사람에게 선이 없는 것을 알게 한 것이다.

9) 로마서 7장의 가르침은 무엇인가?

롬6장은 죄로부터 해방을 다루고 7장은 율법으로부터 해방을 다룬다. 율법에서 해방되지 못한다면 우리는 죄로부터 해방할 수가 없다. 그런데도 로마서 6장에서 충분하다고 생각한다. 그리스도의 십자가와 함께 못 박혔다는 사실을 안다.(6~)

그리고 주님의 부활과 함께 다시 산 것을 간주한다.(11~)

나 자신을 하나님께 드렸다.(13~)

그런데 그 뜻을 행하려고 할 때마다 할 수 없는 자신을 발견한다. 노력하면 노력할수록 더욱더 실패한다. 많은 그리스도인들은 갑자기 로마서 7장에 돌입하게 된다. 7장 14절의 "나는 하나님을 위하여 아무것도 할 수 없다" 그것이 율법으로부터의 해방이다. 7장의 문제는 육에 속한 사람이 하나님을 위하여 무엇을 해보려고 노력하고 있는 것이다. 이렇게 하려고 할 때 "오호라 나는 곤고한 사람이로다." 탄식하게 된다. 율법이 잘못이 있어서인가? 롬 7:12절 "율법도 거룩하고 계명도 거룩하며 의로우며 선하도다."라고 말했다. 율법의 요구는 의로운 것이다. 그러나 그 요구를 이루어야 할 사람이 불의한 것이다. 사람이 율법을 이행할 능력이 없는 것이다.

(예) 여러분이 나를 그냥 버려두면 나는 훌륭한 사람같이 보인다. 그러나 그 일을 시켜보면 나의 무능을 곧 알게 된다. 율법의 요구는 정당하지만 심부름한 사람이 잘못이 있다. 하나님께서 우리에게 무엇을 요구하자마자 우리의 약점은 굉장히 나타나고 말았다. 율법은 우리의 약점을 폭로하고 말았다. 율법이 없을 때는 나는 죄인이었지만 죄인인 줄을 몰랐다는 것이다. 거룩한 율법이 죄인인 인간에게 적용될 때 죄악성이 완전히 노출된 것이다. 율

법이 없었더라면 내가 얼마나 무능한 자인가를 잘 모른다. 바울은 이 사실을 롬 7:7~에 기록하고 있다. 여기서 십계명 중 마지막 계명인 "탐심하지 마라"의 계명을 적발해낸 것은 자기의 완전한 실패와 무능에 직면하게 되었던 것이다. 7:7~9

율법은 우리의 성품을 그대로 폭로하는 역할을 한다. 우리는 너무 자만스럽고 우리의 힘이 세다고 생각하기 때문에 그것을 입증하고 자신들의 무능을 깨닫기 위해 율법을 주신 것이다. 율법을 지키라고 주신 것이 아니다. 지키지 못할 것을 아시고 인간이 하나님 앞에서 겸허해지도록 하기 위한 것이다. 9~ 계명이 이르매 죄는 살아나고 나는 죽었도다.

※ 율법을 주실 때 상황을 생각해보자. 출 19:4~9

10) 육(flesh)이란 무엇인가?

육으로 난 것은 육이요(요 3:6)

사람은 어떤 성품을 가지고 태어났든지 간에 그것은 육에 속한 것이고 육의 영역 내에 있는 것이다. 우리가 가지고 태어난 모든 것과 후에 발전하는 모든 것이 육속에 내포되어 있는 것이다. 하나님의 영이 영원한 사람과 함께 하지 않는다고 판결하셨다.(창 6:3~) 그 이유는 사람이 육이기 때문이라고 했다. 예수님께서는 한 번밖에 태어나지 않는 사람은 육이며 따라서 육의 영역에서 살고 있다고 말했다. 거듭나지 못한 사람에게 선을 행하고 하나님을 예배하라고 가르친다면 죽은 사람을 가르친 것과 같다. 육은 하나님과 원수가 되었다. 8:7~8뿐만 아니라 하나님을 기쁘게 할 수도 없다. 하나님은 이 육을 개조시켜서 쓰려고 하지 않는다. 너무나 부패했기 때문에 그것을 없애고 새 생명을 넣어서 새사람으로 만들어 하나님의 자녀를 삼으신 것이다.

하나님은 영이신고로 그리고 하나님의 나라도 영적인 세계이기 때문에 우리는 육을 가지고 하나님과 대화가 안 되고 하나님 나라에도 들어갈 수 없다. 영적인 사람이 되어야 한다.

11) 영적인 사람이 되려면?

주 예수 그리스도를 나의 주 나의 하나님으로 영접한 사실이 있는가를 자문자답하라. 이 질문에 "아멘" 하면 거듭난 사람이다. 8:9~ 너희 속에 하나님의 영이 거하시면 너희가 육신에 있지 않고 영에 있나니 그리스도의 영이 없으면 그리스도의 사람이 아니다.

12) 바울사도의 내적 갈등은 무엇인가? (7:15~24)

"내가 행하는 것을 내가 알지 못하나니 곧 원하는 이것을 행치 아니하고 도리어 미워하는 그것을 함이라…… 오호라 나는 곤고한 사람이로다……"

새사람과 옛사람의 갈등이 잘 표현되어 있다. 갈 5:17~ 육신의 소욕은 성령을 거스르고 성령의 소욕은 육체를 거스르나니 서로 대적함으로 너희가 원하는 것을 하지 못하게 함이라. 탄식한 바울사도는 환희에 찬 감사를 올렸다. 왜냐하면 나는 할 수 없음을 감사했다. 육신으로는 죄의 법을 섬기는 것과 영으로는 하나님의 법을 섬기는 이 갈등을 자신은 해결할 수 없음을 감탄했다.

[자기 것이 풍족하고 자기 능력이 있는 사람은 이런 감탄이 터져 나올 리가 없다. "탕자 비유에서도⋯⋯ 마음이 가난한 사람은 천국이 저희 것임이요"]

자기 힘으로 할 수 있는 사람은 감탄이 없다. 이 사실을 깨닫지 않는 한 승리의 개가를 부를 수가 없다. 그것은 8:1~3 그리스도 안에 있으면 결코 정죄함이 없고 새로운 생명의 성령의 법이 나를 해방하기 때문이다. 나는 할 수 없지만 하나님께서 내 생명을 하나님 속에 감추어 두신 것이다. 감사치 않을 수 없다. 골 3:3~

▌제8장

성령장(1~2)

성서가 한 개의 보석반지라면 로마서는 보석이고 8장은 보석의 찬란한 끝이라고 한다. 7장을 통과하여 8장에 들어서는 사람은 광명한 아침을 맞이하는 감을 느낄 것이다. 8장에 성령의 단어가 20회 나온다. 본장을 성령장이라 부른다.

13) 생명의 성령의 법과 죄와 사망의 법을 설명하라.

〈죄와 사망의 법〉

죄와 그 결과로 오는 사망의 원리(죗값은 사망) 선한 것에 대적하여 선을 행치 못하도록 좌절시키는 그 법 이것은 내지체 속에 항상 존재한다.

〈생명과 성령의 법〉

하나님은 또 하나의 법을 개입시켰다. 즉 그것은 예수 그리스도 안에 있는 생명의 성령의 법이며 그 법은 우리를 죄와 사망으로부터 끌어낼 충분한 힘이 있다. 그것은 예수 그리스도 안에 있는 생명 즉 사망을 이기신 부활 생명의 법이다.(엡 1:19, 20)

주님은 성령으로 우리 마음 가운데 거하신다. 우리는 우리의 힘으로가 아니라 하나님의 능력으로 무엇이나 할 수 있는 것이다. 빌 4:13 고전 15:56~57

(예) 날아가는 새를 보라. 그 새가 공중을 높이 나는 것이 무슨 힘인가? 그것은 새의 생명 속에는 만유인력의 법칙보다 더 센 힘의 법칙이 있기 때문이다. 만약 한 마리가 죽었다면 만유인력의 법칙이 그 죽은 새를 떨어지게 할 것이다. 그것은 생명의 법이 중단했기 때문이다. 그렇다고 새에게는 만유의 법칙이 작용치 않는다는 것은 아니다. 계속 작용하고 있지만 생명의 법이 강하

게 역사하기 때문에 펄펄 나는 것이다.

◎ 나는 아무리 사랑을 하려고 노력해도 사랑이 가는 사람만 사랑
한다. 원수를 사랑할 수가 없다.(이것은 죄와 사망의 법이다)

그러나 성령의 법이 작용할 때 원수를 사랑할 수 있다.

(예) 〈사랑치도 말고 미워하지도 말라〉

생명과 성령의 법이 사랑하도록 내가 죽어져야 한다. 생명의
성령의 법은 너무도 분명하게 역사하신다. 성령의 9가지 열매는
우리의 노력의 산물이 아니다. 성령과 생명의 법의 산물이다. 이
법이 작용할 때 판에 박은 상습적이고 율법적인 태도를 버리고
자연스러운 그리스도인의 생활이 시작될 것이다. 우리는 자연스
럽게 주님을 섬기고 자연스럽게 기도로 어린애와 같이 우리의
태도는 단순해야 한다. 성령의 법이 우리를 주관하는 이 복스러
운 감격 행복감! 감사치 않을 수 없는 것이다.

※ 성령의 법이 나를 주관하도록 성령을 충만히 받자

  1 성령은 삼위일체의 하나님 그리스도를 영화롭게 하시고 그
    리스도를 전하기 위해 오셨다.

  2 성령을 못 받는 이유는 무지와 죄, 불신 때문이다.

  3 간절히 사모하라. 죄를 고백하고 믿음으로 명령과 약속에
    근거 담대히 요청하라.

    (5~9절 한목소리로 읽으라)

14) 8장에서 내주하시는 성령의 역사를 기록하라

1 죄의 힘에서 해방 2~

2 내주하신다 9~

3 영혼을 살리신다 10~

4 몸도 살리신다 11~

5 죄의 행실을(욕심의 일) 죽인다 13~

6 하나님의 자녀를 인도하신다 14~

7 하나님께 기도하시고 사귀게 하신다 15~

8 하나님의 아들임을 증거하신다 16~

9 약함을 도우신다 26~

10 대신 기도하신다 26~27

15) 어떤 사람이 하나님의 아들인가? 14

성령에 인도되어 신앙생활을 하는 자는 하나님을 아버지라고 친히 부를 수 있는 사랑의 관계가 맺어지고 성령의 증거로 하나님의 아들임을 자각한다. 16~

하나님의 아들인 이상 상속인으로서 장래 큰 영광을 받을 자인데 지금은 주와 함께 고난받지 않으면 안 된다. 17~

(12~17절까지 한목소리로 읽으라)

3. 영화의 교리(8:18~39)

1) 8:18~26 3종류의 탄식을 한다.

　1 피조물의 탄식 19~22

　2 그리스토인의 탄식 23

　3 성령의 탄식 26~

● 피조물의 탄식

　꽃피는 벚나무는 아름답지만 그 잎사귀를 먹는 벌레는 보기
흉하다. 귀를 대지에 대고 자연의 신음소리를 들으면 "나는 아프
다. 나는 괴롭다. 사람들아 빨리 구원받아 너희와 함께 우리를 구
원시키라!" 그리고 "우리는 이 썩어짐의 종 됨을 견디지를 못하
여 하나님의 자녀들의 영광의 자유에 이르기를 원한다."라고

● 그리스토인의 탄식

　믿음으로 영적 구원은 받았으나 몸은 아직 죄의 종의 상태에 있
다. 그러므로 하나님의 양자가 되었으나 양자의 영광은 아직 실현
되지 못한다. 여기에 그리스토인의 탄식이 있다.(바울의 탄식)

● 성령의 탄식

　신자가 약하여 심중에 탄식할 때에 성령은 그 약함을 분담하
시며 그 탄식을 같이 하신다.

2) 28~을 반대로 읽고 암송하라

"모든 것"에 당신의 문제, 좌절감, 패배한 것, 승리한 것, 성취한 것을 적용하라.(근심, 걱정, 불안, 실패, 병)

하나님을 사랑 않고 그 뜻대로 부르심을 받지 않는 자는 모든 것이 협력하여 악을 이루느니라.

(31~39절 다 같이 읽으라)

3) 롬 8:37~39와 고전 15:54~58을 비교하고 예수 그리스도로 인한 벅찬 승리가 당신의 것인 이유를 적어보라.

하나님이 우리를 사랑하시고 하나님이 우리에게 이기는 힘을 주기 때문이다.

4) 구원의 확실성을 말하라. 31~39

우리의 구원이 성경지식이나 감정적 경험이나 교회 소속 등에 기초를 둔다면 이처럼 불확실한 것은 없다. 기초는 하나님 자신과 그의 말씀에 근거한다.

① 31~하나님께서 우리 편이 되시고

② 32~우리에게 아들까지 주셨고

③ 33~우리를 의롭게 하시고

④ 34 예수 그리스도는 우리 위해 간구해 주시는 이상

⑤ 우리 구원은 반석 위에 선 것같이 확실함

우리를 송사하는 자, 정죄하는 자, 대적하는 자, 어떤 것도 우리를 그리스도의 사랑에서 끊을 자는 하나도 없다.

C. 구원의 역사

▌제9장~제11장

1. 하나님의 예정(9:1~29)
이스라엘의 거부와 회복

8장에서 믿음으로 구원받는 대교리를 선포하였다. 지금까지 개인 구원의 원리를 밝히고 9장~11장에서는 인류구원의 역사를 논하고 있다.

9장~이스라엘 거부와 하나님의 예정

10장~이스라엘의 거부의 내용과 성격을 밝히고

11장~이방구원과 이스라엘의 구원

1) 8장에서 크게 환호를 지른 바울이 9:2~에서 왜 근심과 고통이 있었는가?(9:2~3)

3~ 바울의 깊은 애국심 때문이었다. 뿐만 아니라 이스라엘이 받은 놀라운 특권이 있기 때문이다(4~)

특권

① 양자됨(출 4:22)

② 영광(출 24:16)

③ 언약들(아브라함의 언약 창 15~18장, 모세의 언약 출 20:1, 다윗의 언약 삼하 7:11~16, 새 언약 렘 31:31~34)

④ 율법

⑤ 예배

⑥ 약속(메시아: 5000가지의 약속)

⑦ 5~조상들도 저희 것이요(아브라함, 이삭, 야곱)

⑧ 육신으로 하면 그리스도가 저희에게 났으니 이스라엘로서는 큰 영광이다.

2) 진정한 이스라엘이란? 9:6~9

진정한 아브라함의 자손은 하나님의 약속의 결과로써 태어난 자다. 하나님의 약속은 하나님 앞에 나온 자를 위한 것이다. 이 사람들만이 참된 하나님의 백성이요, 참이스라엘이다.

3) 예정에 대해서 설명하라.

롬 9:6~29, 롬 8:29~30, 엡 2:3~5

예정설을 전적으로 부정할 때는 성서의 많은 곳에 어긋남을 일으키고 또 이를 너무 이론화시킬 때는 여러 가지 모순된 결론을 일으키게 된다. 아마추어로서 성서 어구의 해석상으로 체험적

으로 알고 있는 범위 내에서만 알아보자.(혹기 주석에서)

① 인류는 아담의 죄로 말미암아 죽음과 멸망이 결정되었다. 그리고 그 죄와 결과는 아담의 모든 자손에게 미친다. 그러므로 인류는 하나님의 예정에 따라 멸망키로 예정된 것은 아니다.〈칼빈 반대〉

② 아담이 타락하기 전에는 하나님을 믿는 자유의사를 갖고 있었지만 타락한 후에는 그와 그의 자손이 저주를 받아 그 자유를 잃어버리고 자기 의사로써 하나님을 믿을 수 없게 되었다. 하나님과의 관계에 대해서는 자유의사를 잃었다.〈루터〉

③ 우리에게 남아 있는 자유의사는 자기의 행위를 선택하는 자유에 지나지 않고 하나님을 믿는 것은 성령의 도움으로 되는 것이지 자유의사로는 불가능하다. 사람은 죄의 노예이다. 인간이 가지고 있는 자유의사는 사람을 멸망에서 구원할 수 없다.

④ 뿐만 아니라 행위, 노력, 공로도 사람을 구원해 내기에는 부족하다. 인간 자신은 구원 얻을 만한 능력과 가치가 없다.

⑤ 그러므로 만일 이 멸망할 인류 가운데서 구원받을 자가 있다고 한다면 그것은 자기의 가치나 그 자유의사로 되는 것이 아니라 하나님의 예정과 선택으로 되는 것이며 하나님의 자유스러운 은혜로 되는 것이다.

⑥ 롬 9:6~29의 문제는 칼빈이 생각한 바와 같이 하나님께

서 어떤 사람들은 구원하기로 예정하고 또 어떤 사람들은 멸망하기로 예정하였다는 것을 말하려는 것은 아니다. 하나님께서 사람을 어떤 모양으로 쓰시든지 간에 자유이며 (에서와 야곱, 모세와 바로, 귀한 그릇, 천한 그릇, 멸망하는 자를 멸망을 연기하여 구원시키는 도구로 사용하든 않든 하나님께서 사람을 어떻게 쓰시느냐의 문제다) 이에 대하여 사람은 이의를 제기하지 못한다.

⑦ 인간에게 다소 선악이 있을지라도 하나님 앞에서는 모두 멸망할 죄인이다. 그러므로 사람을 하나님께서 어떻게 쓰시든지 그것은 문제될 것이 못 된다. 필요에 따라서(9:17 바로를 강박) 바로를 완악케 하시더라도 바로를 멸망키로 정한 것이 아니고 당연히 멸망될 그를 어떤 목적에 이용하신 것에 불과하다 9:6~29 요점이 하나님의 섭리에 따라 인간을 취급하시는 방법이 바꾸어지거나 자유롭게 하나님의 뜻대로 하시더라도 사람은 항의할 수 없다. 어느 때 하나님께서는 자유로 사람을 멸망하기도 하신다.

⑧ 하나님께서는 사람의 공로나 믿음을 미리 아신다. 그러나 이와 같이 미리 아신 인간의 공로나 믿음이 하나님의 예정의 원인은 아니다. 그리고 참된 의미의 행위, 공로, 믿음은 하나님께서 예정하신 선택의 결과이다. 8:29 믿는 자에게 선을 가져오는 이유는 하나님께서 구원을 실현하시기 위해서 연약함을 쓰시기 때문이다. 사람의 구원은 실로 하나님 일방적

인 계획과 역사 미리 아시고 미리 정하시고 행하시는 것이
지 우리의 노력과 공로로 되는 것이 아니라는 것이다.

⑨ 하나님의 자유선택에서 빠져 멸망하게 되었기 때문에 사
람은 그 불신에 대해서 책임이 없지 않느냐 하면 그렇지
않다. 불신은 아담 이래로 인간의 죄이며 하나님께 예정되
어 불신에 떨어진 것이 아니다. 그러므로 인간은 하나님께
대해 책임이 있다. 마찬가지로 선택을 받아 구원받은 자는
자기의 공로에 의한 것이 아니기 때문에 모든 것이 감사
와 봉사가 되지 않으면 안 된다.

2. 이스라엘의 거부(9:30~10:21)

1) 하나님을 모르던 다른 민족이 구원받고 하나님의 법을 지키는 자 이스라엘이 버림받은 것은 어찌된 일인가?

이스라엘은 믿음으로 구원받고자 하지 않고 법을 지킴으로써
구원받고자 하였기 때문이다.

2) 하나님께서 이스라엘을 택하신 이유는?

그들만을 구원하기 위함이 아니라 그들을 통하여 전 인류를
구원하시기 위해서다. 참감람나무를 심은 것은 많은 돌감람나무
를 접붙이기 위해서다. 11:19~20

3) 이스라엘의 잘못이 무엇인가? 10:2~3

그들은 법과 관습을 지킴으로써 자신의 의를 세우려고 애썼으나 하나님이 그리스도를 통하여 보여주신 의를 순종치 않은 것이다. 머릿돌을 보내주셨는데 버리고 머릿돌 없는 건물을 세운 것이다. 벧전 2:7~8

4) 율법에 의한 의와 신앙에 의한 의를 설명하라.(10:1~13)

모세는 법을 하나도 어기지 않아야 구원받는다고 하였다. 유대인들은 법과 관습(율법)을 지킴으로써 자신의 의를 세우려고 애를 썼다. 그러나 하나님께서는 예수 그리스도를 믿음으로 구원을 얻게 하시었다. 그리스도는 율법의 완성자이시다. 그를 믿는 사람은 누구나 그로 말미암아 의로워진다.

5) 10:6~7을 설명하라.

출 20:25~26

자기의 행위로 구원 얻는다고 하지 말라. 너의 행위로는 하늘에 올라갈 수 없다. 예수님께서 이미 십자가에서 우리 대신 다 이루셨기(요 19:30) 때문에 우리는 믿기만 하면 된다. 또 죗값을 치루기 위해 고행을 하고 자학을 해서 의로워진다고 생각하지 마라. 그것은 주님께서 우리의 슬픔과 고통과 죄악을 담당하셨는데(사 53:4~6, 벧전 2:24) 예수님에게 십자가에서 "내려오시면 제가 죽겠습니다." 한 것과 같다. 갈 2:21

인간의 자랑은 결국 바벨이고 수치스러운 것이다. 얼마 안 가서 무너져 버리고 만다. "다듬은 돌로 단을 쌓지 말라고 한 것은 인간의 의를 가지고 하나님 앞에 갈 수 없다는 말이다."(출 20:25, 신 27:5~6)

자연적으로 생긴 돌로 쌓는 다는 말은 하나님께서 주신 의를 가지고 하나님 앞에 나오라는 것이다. "단에 오르면 하체가 드러난다"는 말은 인간의 것으로 바벨탑처럼 하늘 닿게 오른다 해도 결국 수치를 면치 못한다는 뜻

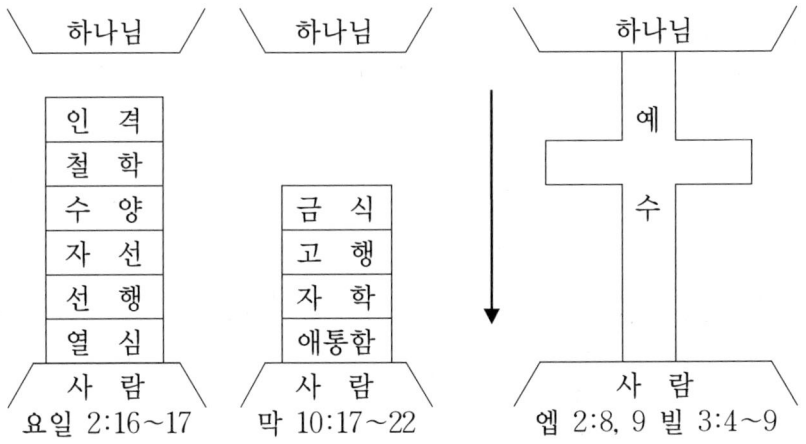

하나님	하나님	하나님
인 격		예
철 학		
수 양	금 식	
자 선	고 행	
선 행	자 학	수
열 심	애통함	
사 람	사 람	사 람
요일 2:16~17	막 10:17~22	엡 2:8, 9 빌 3:4~9

6) "산다는 것은 참으로 귀한 것이다"

과연 그렇게 생각하는가?

삶이란 결코 실망의 소용돌이가 아니다.

10장에서 그 비결을 발견한다.

7) 믿음은 어디서 생기는가? 17

지식에 의하지 않는 신앙은 자기만족과 자기도취에 빠지고 또 거만히 따르고 열심에 의해서 구원받은 것처럼 그릇 믿게 된다. 사람은 무력하다는 지식을 얻어 하나님께서 하시는 구원을 조용히 받아들이는 것이다. 이 진리에 대한 깊은 이해가 없을 때 열심은 해로울 뿐 이익이 없다. 그러나 열심은 신앙을 붙잡는 데 필요하다(지식을 얻는 데)

8) 믿음과 고백의 관계를 설명하라.
(10:10~17)

믿음은 마음속으로 믿기만 하고 사람 앞에서 나타낼 수 없는 것이면 그것은 참신앙이 아니다. 마 7:21 사람 앞에서 예수를 부인하는 자는 나도 아버지 앞에서 너를 부인하리라. 사도신경(신앙고백)을 부인하는 교리는 모두가 이단이다. 그러나 신앙 없는 고백은 거짓이다. 그러므로 구원받은 신앙은 모든 사람 앞에서 그리스도를 증거해야만 할 것이다.

막 4:21~23 복음을 증거하려고 않는 자는 그 속에 숨겨 있는 복음이 없기 때문이다. 전도 않는 자는 복음의 진가를 모르기 때문이고 그 속에 보화가 감추어 있지 않기 때문이다.

들을 귀 있는 자는 들으라!

(예) 최권능 목사님 이야기(13~15 같이 읽어라)

9) 하나님께서 유대인을 회개케 하시기 위한 3가지 방법 18~21

① 하나님을 찾지 않았던 이방인까지 은혜 입게 됨을 보여주
시고 20~

② 유대인이 이방인의 구원을 보고 시기하게 하셨고 19~11:14

③ 불순종한 백성에게도 손을 벌려 부르고 계신 것 21~
그것은 기다리는 모습이고 환영하는 모습이다

▌제11장 이스라엘의 회복(11:)

10) ① 하나님께서 자기 백성을 버리셨느냐? 1절~

② 저희가 넘어지기까지 실족했느냐? 11절~

이 질문에 그렇지 않다는 설명을 하라.

1. 바울도 역시 선민 중 한 사람이지만 구원받았기 때문이고 1절~

2. 엘리야를 예로 들어 지금도 소수의 남겨진 7,000명이 있기 때
문이다. 2~6절

3. 약속은 최후에 반드시 성취되어 선민은 국민으로서 회복하고
또 모두 구원될 것이기 때문이다. 26~

11) 기독교와 유대교와 관계? 11~17절

기독교는 유대교의 율법이나 그 형식은 전면 다르지만 그 신

앙은 조상들의 신앙 위에 세워진 공동건물이며 같은 뿌리에서 양분을 흡수하는 가지로서 하나님과의 관계에 있어서는 유대인 은 원뿌리다. 그러나 구원문제는? 오직 믿음으로(그리스도를)

12) 선민인 유대인이 왜 복음을 받지 않았나? 30절~

다른 민족이 그들의 자리에 들어오게 하기 위해 유대인이 꺾인 것은 이방인이 접붙이기 위해 19~

13) 28절~의 뜻?

다른 민족의 구원을 위하여 유대민족이(하나님) 복음의 원수가 되었으나 그들이 선민으로서 여전히 하나님의 사랑을 받고 있는 것은 틀림없다.

14) 11:5 "남은 자" (remnant)란?

바울은 남은 자에게 동족에 대한 소망과 기대를 걸고 있다. 그러나 그것은 유대인의 경우만은 아닌 것이다. 신앙의 세계는 소수 남은 자에게 그 진수를 찾을 수 있다. "끝까지 견디는 자는 구원을 얻으리라"

이스라엘을 통해 보여주신 하나님의 계획

마 24:32

"무화과나무의 비유를 배우라. 그 가지가 연하여지고 잎사귀를 내면 여름이 가까운 줄 아나니 이와 같이 너희도 이 모든 일을 보거든 인자가 가까이 문 앞에 이른 줄 알라"

무화과는 이스라엘의 국화요 이스라엘을 상징했다.

(이스라엘이 회복되기 전에는 무슨 말씀인지를 알지를 못했다) 이스라엘은 2000년 동안이나 주인 없는 들개 취급을 받았다. 이리 쫓기고 저리 쫓기고 포학한 독재자를 만나 학살을 당하기도 했다. 왜 그렇게 되었을까?

건축자의 버린 돌이 모퉁이의 머릿돌이 되었나니(벧전 2:45) 이스라엘 민족에게 하나님께서는 그리스도이신 머릿돌을 보내서 그 위에 건축을 하도록 했다. 그러나 그 머릿돌을 버렸다. 이방이 그것을 주어다가 그 위에 건축을 했는데 이방이 복음을 받고 교회를 세우게 된 것이다. 로마서 11장에는 이스라엘을 참감람나무로 이방을 돌감람나무로 비유를 했다. 참감람나무가 찍힘을 받았는데 왜 찍힘을 받았는가? 11:19~20 이방을 접붙이기 위해서 만약 이스라엘이 그리스도를 받아들이고 믿었다면 이 복음은 우리에게 미치지 못하고 말았을 것이다. 그러나 하나님께서 자기 백성인 이스라엘을 버리지 않았다는 것이다. 1절~ "자기 백성을 버리셨느뇨 그럴 수 없느니라" 엘리야는 이세벨이 모든 선지자를 죽이고 엘리야 한 사람밖에 남지 않는 줄 알고 자기 목숨도 가져가라고 한다. 그런데 하나님께서 너 외에도 바알에게 무릎 꿇지 않는 선지자 7000명을 남겨 놓았다고 한다. 이와 같이 이제도 은혜로 남은 자가 있다는 것이다. 바울이 2~나도 이스라엘 사람인데 복음을 믿고 있지 않느냐? 그리고 11~너희가 넘어지기까지 실족했느냐 그럴 수 없느니라 이스라엘이 넘어지므로 이방이 구원받게 되고 그로 인해서 이스라엘이 또 질투가 나서 다 구원받게 된다는 것이다. 25~ 이방인의 충만한 수가 구원받기까지는 이스라엘이 완악하다. 그러니 이방에게 너무 자고하지 말라는 것이다. 원가지가 찍힘을 받았는데 너희 접붙인 것들이야 문제도 되지 않는다는 것이다. 21~ 그리고 26~ 돌감람나무도 잘 접붙임을 받았거든 원감람나무가 오직 잘 붙겠느냐? 그런데 놀랍게도 이방의 시기가 차가고 서서히 이스라엘이 무화과 줄기가 연하고 잎이 나기 시작한다는 것이다. 2000년 동안이나 방황하던 이스라엘을 구원키 위해서 하나님께서는 일을 착수하고 계신다.

① 본토로 돌아왔고

② 잃었던 땅을 찾고

③ 전쟁에 승리를 하고

④ 신앙이 회복된다는 것이다.

[이스라엘의 회복은 이방의 심판이 가까웠다.]

우리 이방인들은 구원받을 기회가 항상 있는 것이 아니고 복음의 문호가 닫힌다는 것이다. 그리스도를 머릿돌로 한 건축이 완공되어 간다는 것이다. 충만한 수가 차면 그때는 복음이 이스라엘로 넘어가고 성령의 역사가 이방에서 끝난다. 이방은 그때부터 환난시대가 오게 될 것이다. 얼마 남지 않은 급박한 시기에 우리는 정신을 차리고 가족과 민족을 구원시켜야 된다.

마지막 하나님은 이스라엘 같은 상징적인 국가를 만들어 20세기의 후반에 기독교 국가로 축복해 주실 법도 하는데 우리 한국에서 강하게 성령의 역사가 임하고 있는 것은 세계 사람들이 인정하고 있다.

Ⅲ. 믿음의 실천에 대하여

▌제12장

A. 교회적 교훈(12:)

　신앙론과 구원론은 11장에서 끝을 맺고 본장에서부터는 바꾸어 신앙의 적용 즉 실제생활의 원리를 서술한다. 바울의 편지 가운데는 이러한 형식을 따른다.

　12장이 11장에서 연결된 것이 아니라 8장의 논의에서 뒤쫓고 있다. 8장에 함축되어 있는 "그리스도의 몸"을 12장에 들어가면 분명해진다.

각 장을 요약하면

　5장 우리의 죄가 용서함 받았고

　6장 우리는 그리스도와 함께 죽었고

　7장 우리는 날 때부터 완전히 무력하고

　8장 우리는 내주하시는 성령께 신뢰한다.

　12장 우리 많은 사람이 그리스도 안에서 한 몸이 되었다.

이것이 논리적인 귀착점, 초점으로 생각된다. 12장 이하의 장들은 우리의 실제생활과 처신에 대한 실제적인 교훈을 전하고 있다.

1. 실행 편을 7단계로 나누라

　1 하나님에 대해서 - 헌신

　2 교회에 대해서 - 봉사

　3 신자 간의 관계에 대해 - 사랑과 일치 3~8

　4 원수에 대해서 - 축복 - 9~이하

　5 국가에 대해서 - 복종 13:1~7

　6 사회에 대해서 - 사랑과 근심 13:8~14

　7 약한 신자에 대해 - 동정과 관용 14:1~15

이 실행 부분의 맨 처음에 먼저 헌신을 권한다.

헌신은 하나님께 봉사하고 생애의 입문이기 때문이다.

지금까지 은혜에(속죄, 구원, 성결) 대해서만 말했는데 여기서 "그러므로" 나는 말씀을 첫머리로 헌신을 권한다.

헌신은 의무가 아니다. 다만 하나님께 대해 감사한 마음으로 임의적으로 하는 일이다. 은혜에 보답하기 위한 당연한 예배인 것으로서 그리스도의 피에 의해 값으로 산 자가 당연히 할 일이다.

출 13:1~2 그 재앙에서 이스라엘 백성들을 살려주었다. 처음 낳은 것은 이제 너희들 것이 아니고 내 것(하나님의 것)이라는 것이다. 그래서 바치는 것이다. 헌금의 개념도 축복받기 위해서 바치는 것이 아니다. 나의 전체를 주님께서 자기 몸을 주시고 사셨으니 내 것은 주의 것이다. 받은 은혜를 감사하는 마음으로 드리는 것이다.

예 화

　어떤 목사님 "내 손은 없습니다"라고 말씀하셨다. 그렇다! 내 손은 내 손이 아니고 하나님의 것이다. 물질, 시간, 정력, 재능 내 것인 양 하지 마라. 주인이 필요하실 때 언제나 "여기 있나이다 필요하시면 사용하소서" 감사하는 마음으로 기쁨으로 하나님께 바쳐야 한다.

---

2. 어떻게 헌신해야 하는가?

　세상과 타협 않고 세속에 동화되지 않고 중생하여 새 삶을 하나님께 드리는 것이다.(그것이 하나님의 뜻)

　육을 드리는 것 어떤 것도(내 재능, 물질, 협력) 육은 육이요 하나님과 원수가 되었고 하나님을 기쁘시게 할 수 없다. 롬 8:7, 8 나의 모든 것은 주님의 십자가에 재생되어 나온 것이라야 한다. (하와가 아담의 갈빗대에서 나왔듯이)

3. 6~ 은혜와 은사란?

　은혜란 영적인 생애로 나아가기 위해 주어진 하나님의 능력과 감화이며,

　은사란 하나님의 일에 봉사키 위해 주어진 재능이다. 그러나

사람마다 각각 다르다. 때문에 개개인이 모여야 한 몸이 된다. 그래서 모임(교회)이 필요하다.

4. 지체로서의 임무 3~8

그리스도인의 생활의 터전은 교회이며 그 임무는 교회에 봉사하는 것이다. 그리고 교회봉사에서 무엇보다 긴요한 것은 각 지체의 임무가 다른 것처럼 각자에게 독특한 임무가 있다. 그러므로 교회봉사의 미덕은 겸손이다. 각자가 자기의 본분을 지키고 그 이상의 생각을 품지 않는 것이다.

※ 예수님께서 자신을 나타내시는 그릇은 지체가 아니라 몸이다. 하나님은 각 사람에게 믿음의 분량을 나누어 주셨다. 그러니 사람이 혼자 고립해서는 하나님의 목적을 달성치 못한다.

나 한 사람은 지체뿐이기 때문이다. 하나님의 영광을 나타내기 위해서는 완전한 몸이 필요한 것이다. "5절~ 우리 많은 사람이 주 예수 그리스도 안에서 한 몸이 되어 서로 지체가 되었느니라"

※ 나 혼자 주님을 신뢰하는 것은 충분치 않다. 다른 사람들과 함께 주님을 신뢰해야 한다.

"오순절 직전에 120문도가 합심해서 기도했다." 나는 몸과 함께 되는 것을 기초해 "우리 아버지여……"를 배워야 한다. 네 아버지가 아니다. 몸의 도움 없이는 나는 견디어 나갈 수가 없다.

5. 나에게 주어진 달란트는 무엇인가?

※ 나에게 있는 것은 남에게 나누어 주고 나에게 없는 것은 남에게서 받아야 한다.

6. 12:9~21 새로운 삶의 모습(사랑의 생애)이 그려 있는데 다음과 같이 분해할 수 있다.

1. 사랑의 실질 - (내부적인 면) 9~13

   거짓 없는 사랑(꾸미지 말고) 9~

   순결한 사랑(악이 없는) 9~

   형제를 사랑(형제우애) 10~

   겸손한 사랑(존경하기를 먼저) 10

   열렬한 사랑(열심으로) 11~

   충실한 사랑(게으르지 말고) 11~

   봉사하는 사랑(부지런히) 11~

   소망 있는 사랑(항상 즐거운) 12

   인내 있는 사랑(환난 중에도) 12

   기도 많은 사랑(항상) 12

2. 사랑의 행위(외부적인 면 13~21)

   성도에 대해(쓸 것을 공급) 13 대접하기를 힘쓰라.

   핍박하는 자를 위해(축복해 주라) 14

   행복한 사람에 대해(같이 행복하라) 15

슬퍼하는 자에 대해(함께 울라) 15

약한 자에 대해(자기를 낮추고 지혜 있는 체 않는다) 16

악인에 대해(악으로 갚지 말고 선을 도모) 17

모든 사람(화평하라) 17~18

원수에 대해(하나님께 맡기고) 원수를 하나님께서 갚으신다 19

(원수가 주리거든 먹이고 목마르거든 마시우라)

7. "……네가 숯불을 그 머리에 쌓아 놓으리라(20)" 무슨 뜻인가? 잠 25:21~22

원수를 사랑하고 도와주면 도리어 그 마음이 녹아져서 자격지심에 견디지 못하게 된다는 뜻

※ 21~악에게 지지 말고 선으로 악을 이기라.

14~이하의 결론이다. 악의 침해에 대항하여 같이 악해지면 이는 악에 진 것이다. 선으로 대해 그 악을 선으로 회개시키면 악을 이긴 것이다.

▌제13장

B. 사회적 교훈(13:)

그리스토인으로서의 사회적인 의무

① 12장에는 교회일원으로서 그리스도인의 생활에 대해 말했
   는데 13장에는 사회일원으로서 기독인의 생활을 기록하고
   있다.

12장의 주제는 헌신, 봉사, 사랑

13장의 주제는 복종 사랑과 정의로운 행위

우리는 교회 안에서도 좋은 신자가 되어야 하지만 교회 밖에
서도 선량한 시민이 되어야 한다. 하나님께 헌신하고 봉사하고
성도들은 권위자에 대해서도 복종하고 사랑과 의의 생활을 해야
한다.

12장 처음은 세상 권력자에 대한 복종 1, 2 권세 잡은 자에 대
한 태도 13:1~7

8. 세상의 권위에 복종하라(벧전 2:17)

세상의 권위자가 믿든지 안 믿든지 하나님의 섭리 중에 세워
진 자로 하나님을 대신하여 다스리는 자인 까닭에 우리들은 이
에 복종하지 않으면 안 된다. 우리는 세상에 대해서 비난하고 부
정하기 전에 우리는 그들을 위해 기도해야 한다.

9. 국가에 대한 우리의 태도

1) 국가를 사랑하라 1~

하나님께로 나지 않는 정당한 권력은 없다.

2) 세상 질서를 존중하라 2~

그렇지 않는 자는 하나님의 뜻을 거스르고 심판을 면치 못함

3) 선한 일을 하라 3~

선한 일을 하는 자는 두려움 없이 살고 오히려 상급을 받을 것이다.

4) 납세 7~

국가에 내야 할 것을 내고 존경해야 할 자를 존경하라.

5) 법을 지키라(하나님을 향한 양심을 위해서도 5~)

10. 국가가 국민에 대해

① 국가는 국민을 위하여 하나님이 세우신 기관이다 4~
② 집권자는 악을 행하는 자에게 하나님의 의를 집행하는 일꾼이다. 4~

11. 율법과 사랑(13:8~10)에 대해서 말하라

율법이 사랑을 낳을 수는 없지만 사랑은 스스로 율법을 완성한다. 하나님의 사랑 아가페의 사랑은 인간의 힘으로는 율법을 지킬 수 없는 인간의 자연성을 극복하고 율법을 행할 수 있는

힘이 된다. 의무를 행하는 것으로 만족하지 말고 사랑에 빚진 자로서 살라. 법의 세계에만 머물지 말고 사랑으로 법을 완성하라. 사랑하면 이웃에게 해를 입히지 않는다.

12. 지금은 어느 때인가?(13:11~14)

　① 자다가 깰 때다 11~(각성) 벧후 3:8

　② 주님이 다시 오실 날이 가까웠다. 12~

　③ 낮에와 같이 단정히 행할 때다 13~

(방탕하여 술 취하지 말고 음란과 호색하지 말고 시기하지 말고 정욕을 만족시키려고 마음을 쓰지 말라. 예수 그리스도를 힘입어 살아야 한다)

◎ 12장에서는 교회적 교훈 13장 사회적 교훈을 준 저자는 14장에서는 교회의 구체적 문제를 거론한다. 당시 로마 교회에는 두 가지 경향의 신자가 있었다.

　　1 믿음이 약한 자로서 육식과 음주를 금하며 안식일 준수 등 율법을 엄수하는 자들이 있고

　　2 이런 문제에 자유스런 자들이 있었다.

　이런 두 가지 경향에 대하여 저자는 각각 결함을 지적하고 서로 이해하고 조화하여 성도의 교제를 가질 것을 권면하고 있다.

　① 먼저 비판하지 말 것을 가르치고 14:1~12

　② 오히려 사랑으로 대할 것을 강조 14:13~23

　③ 피차 건덕에 힘쓸 것을 결론. 15:1~13

이런 문제는 고린도 교회에서도 있었고(고전 8장)

갈라디아 교회   갈 4:10

골로새 교회   골 2:16   에도 있었다.

현재도 있다. 독선과 독단은 진정한 신앙인의 목적이 아니다. 이해와 사랑에서 이질적인 신자 간에 더 좋은 교제가 달성되어야 할 것이다.

▌제14장

C. 교제에 관한 교훈(14:1~15:13)

신앙이 약한 자에게 대한 사랑의 태도

본장은 서로 사람을 판단하거나 음식물 기타 하찮은 일로 인하여 사람을 실족케 해서는 안 되는 것을 말한다. 8장의 은혜를 체험한 자는 12, 13장의 사랑의 생활을 보내며 본장의 신앙이 약한 자에게 관용하지 않으면 안 된다.

고전 8장에서도, 본장에서도 자기는 자유를 가지고 있어 마음에 가책을 받지 않는다 해도 신앙이 약하여 마음에 가책받는 사람을 넘어지게 해서는 안 된다는 것이다. 자기와 의견이 다르면 큰 이단으로 취급하는 것 같은 편협한 열심이어서는 안 된다.

13. 하나님의 앞에 서 있는 인간의 태도 14:1~12

① 음식에 대해서 1~3

〈믿음이 약한 자를 받아들이고 의견이 다를지라도 비판하지마라〉

② 남의 종에 대해서 4~ 너는 누구냐?

③ 날에 대해서 5~6 모든 것을 주를 위해서 하라.

④ 형제에 대해서 10~11

우리가 다 하나님의 심판대 앞에 서게 될 것이다. 그러므로 판단해서는 안 된다.

⑤ 우리는 하나님 앞에서 각자가 자기 일에 대해서 직접 책임을 지게 된다. 12~

14. 친구에게 배신을 당한 사실이 있는가?

날카로운 비판을 당한 사실이 있는가?

여러분은 이때 어떻게 처신했는가?

여러분은 무서운 과오를 범한 사람에게 어떻게 대우했는가?

14장에서 하나님 앞에서 누구나 죄인이다.

남을 판단할 수 없다

15. 음식물과 사랑의 길(13~21)에 대해서 말하라

음식물에 의해 형제를 실족케 하지 말 것

무엇이든지 그 자체가 속된 것이 아니라 속되다고 생각하는 사람에게만 속된 것이다. 먹을 것 따위의 문제로 예수 그리스도가 죽음으로써 구원하신 형제를 망하게 하지 말라.

그리스도인으로서 중요한 것은 먹고 마시는 일이 아니라 성령으로부터 오는 선과 평화와 기쁨을 넘치게 하는 일이다. 그러므로 교회 안에서 서로 협력하고 남을 세우기를 힘쓰라 고기 한 점 때문에 하나님의 사업을 망치지 말라 고기가 나쁠 것이 무엇이냐? 남의 거리낌을 주는 데에 문제가 있다. 먹든지 마시든지 무슨 일에나 형제를 넘어지지 않게 하라. 그것이 아름다운 것이다.

16. 사랑과 믿음(22~23)에 대해서 쓰라

자기 한 사람에게 관련된 문제에 한해서 믿음으로 행할 것이고 다른 사람에게 관계가 미치게 될 때는 사랑으로써 믿음 위에 세우도록 하지 않으면 안 된다.

자기의 소신을 자기와 하나님과의 관계를 고요히 자겨야 할 것을 이것을 사람에게 강요하고 사람과 다툴 것은 아니다. 자기가 옳다고 믿는 일 때문에 문책받는 행동을 해서는 안 된다.(22)

자기가 믿는 대로 행하면서도 남을 비판하지 않는 사람 축복받을 것이다.(빌 3:15~16을 읽고 해석 - 남의 믿음을 내 믿음에

맞추려고 하지 마라. 안 맞을 때 이단이라고 정죄해선 안 된다는
것이다)

17. 서로 건덕에 힘쓸 것(15:1~13)

① 강한 자와 약한 자 간에 1~6

서로 상대방을 기쁘게 하고 덕을 세우는 데 힘쓸 것을 권하고
그 본으로 그리스도의 자아희생을 든다. 그러나 이 권면은 주로
강한 자 편에 치중되어 있다.

② 이방인과 유대인 간에 7~13

이방인과 유대인 간의 융화를 전하는 것으로 그들이 서로 용
납하여 하나님께 영광을 돌릴 것을 가르친다. 그 본으로 그리스
도께서 유대인과 이방인을 다 받으신 것을 성경을 들어 입증한
다. 여기의 강조점은 이방인을 환영

IV. 결 론

Ⅳ. 결론(15:14~16:27)

로마서는 한 편지에 간직되어 있는 교리적이며 실천적인 논문이다. 이 논문은 이제 종결되어 있다. 그리고 이 편지는 다시 시작된다.

로마서는 교리 편과 실천 편으로 나눈다면 중요한 부분들은 다 끝났다. 이제 남은 결론은 완전히 사적인 분위기다. 강사가 강연을 마치고 친지들을 만나 사적 정담을 나누는 광경과도 같다

A. 사적인 설명(15:14~33)

① 14~21 바울사도의 전도자로서의 자기 설명
② 22~29 미래의 계획이 발표되어 있다.

1. 전도자로서의 바울의 태도는? 14~21

그는 먼저 로마교인의 믿음을 높이 평가하고 14~

자기 직무가 이방인을 위하여 하나님께서 주신 것을 해명한다. 그리고 하나님의 주신 사명에 순종하여 예루살렘에서 일루리곤까지 복음 전도에 진력한 것을 간증했다.

2. 미래에 대한 계획(22~29)

여기서는 앞으로 구체적인 예정을 발표한다. 로마에 가는 것이 소원이었던(1:15) 그는 이제는 그 시기가 왔다고 확신하고 있다. 즉 지금 고린도에서 이 서신을 보내고 마게도냐와 아가야 지방의 성도의 구제금을 가지고 예루살렘을 방문한 후 로마로 향하고 그 후 다시 서바나까지 가려는 원대한 예정을 세우고 있다.

여기에 신약 시대의 3대 판도가 나타나 있다.

① 아가야 마게도냐 - 그리스 지방

② 예루살렘과 유대 - 팔레스틴 지방

③ 로마와 서바나 - 서방 지방

지리적으로 신약사의 개요인 면모가 있다.

1) 바울의 양심에 대해서(20)쓰라

바울은 남이 놓은 기초 위에 세우지 않고 스스로 세계 각지에 복음의 기초를 놓으려고 야심을 가지고 있었다. 남이 일한 것을 이용하여 그 수확을 취하는 따위의 일은 할 수 없었다. 바울의 독창력과 사도로서의 자각이 그로 하여금 남의 노고 위에서 편히 쉴 수 없게 했다. 이 거룩한 양심이 세계적 복음 전파의 원인이 된 것이다.

※ 사이비 종교, 거짓 선지자, 악덕 부흥사를 감별하는 방법

① 복음 전도보다는 헌금에 강조

② 기압술을 성령으로 위장하는 자

③ 욕설 섞인 설교

④ 자기선전(고후 11:30)

⑤ 비윤리적인 행동

⑥ 방언이나 신유를 강조(감정) 고후 12:1

⑦ 공포나 위협을 줌(롬 8:15)

⑧ 기성 교회를 비난하고 기성교인을 뺏어가려 함. 롬 15:20

2) 바울의 자랑은 무엇인가?

바울은 그리스도에게 쓰인 것을 유일한 자랑으로 삼고 있었다. "예수 그리스도의 종이란 말은 노예라는 치욕이 절대적인 영광으로 그의 신앙의 자랑이었다. 그의 자랑은 자신의 자랑이 아니라 주 안에 있는 자랑이다. 그리스도를 사랑하는 사람이다."

3. 헌금의 바른 자세

(마게도냐와 아가야 성도들의 헌금보고 15:26~27 고후 8:1~5 행 11:29~30)

1. 유대에 기근이 있었고 박해 때문에 예루살렘 교회는 가난했기 때문에 사랑과 동정으로

2. 마게도냐 아가야 성도들은 복음의 빚을 갚는 심정으로 의무처럼 했다.

3. 넘치는 기쁨으로 했을 뿐 아니라 갈 6:6 신령한 것으로 받았으니 육신의 것으로 그들을 섬기는 것이 마땅하게 생각

했다 26~27

4. 풍족한 가운데 하는 것이 아니라 극한 가난과 환난 속에서 넘치도록 했다. 고후 8:2

5. 먼저 자신을 드리고 하나님의 뜻을 좇아 했다. 고후 8:5

◎ 축원

4. 바울이 로마 성도들에게 어떤 기도를 부탁했는가? 15:30~33

① 그리스도 안에서 사랑으로 나를 위해 기도하라 30~

② 교회를 핍박하는 자들 속으로 가는 내가 안전하도록 기도 31

③ 예루살렘을 위한 봉사가 성도들에게 기쁨을 줄 수 있도록 31~

5. 나는 누구인가?

나는, 나는 어디로 갈까? 나는 어떻게 하면 나 자신에게서 눈을 돌릴 수 있을까?

나만 옳고 내가 앞서야 하고 나의 위신, 나의 주관, 나로부터 해방하는 길은 15: ~5

B. 문안(16:1~23)

16장은

    ① 뵈뵈의 천거(1~2)

    ② 바울의 문안(3~16)

    ③ 거짓 스승에 대하여 경계(17~20)

    ④ 바울의 동역자로부터의 문안(21~23) 및 최후의 축도
      (25~27)로 되어 있다.

1. 뵈뵈는 어떤 사람인가?

    ① 겐그레아 교회의 일꾼 자매 여집사 1~

    ② 바울의 보호자 2~

    ③ 그는 많은 사람을 도와주었다 2~

2. 브리스가(여)와 아굴라(남)(부부)

    ① 바울의 동역자 3~

    ② 그들은 생명까지 내걸고 바울을 도와주었다. 4~

    ③ 이방 교회가 모두 그를 찬양했다. 4~

    ④ 이들 집에서 교회로 모였다. 5~

3. 에배네도

① 그는 아시아(Asia)에서 가장 먼저 예수를 믿은 자 5~

② 바울의 첫 열매(행 19:9~16)였을 것이다.

4. 안드로니고와 유니아

① 바울의 친척이고 바울과 함께 옥중생활 7~

② 사도들에게 존경을 받았고 7~

③ 바울보다 먼저 크리스천이 되었다.

5. 바울의 최후의 경고? 17~20

① 그리스도에 대하여 달리 가르치며 분열을 일으킨 자 경계
하라 17~

② 그리스도를 섬기지 않고 자기 배만 섬기는 자 18~

※ 쾌락주의 자기중심의 생활을 하는 자

③ 공교하고 아첨하는 말로 미혹하는 자

6. 바울의 동역자의 문안 21~23

먼저는 바울 자신의 문안이었으나 이제는 바울의 동역자들로
부터의 문안이다. 먼저는 수신자들의 이름들이 치밀히 열거되었
으나 이제는 송신자의 이름들이 소개되고 있다. 디모데, 누기오,

야손, 소시바더, 바울의 대필자 더디오, 가이오 재무관 에라스도,
믿음의 형제 구아도

C. 송영(16:25~27)

응장하고 비할 데 없는 송영이다. 로마서 전체의 중요한 사상
이 가운데 포함되어 있다.

이를 나누어 생각해 보면

1. 송영을 드리는 대상은 하나님이며 이 하나님은 우리들을
   복음으로 믿음에 굳게 하시는 분이다. 26~

2. 우리를 견고케 하시는 길은 복음과 그 전파다. 예수 그리
   스도를 전파하는 일은 크리스천에게 있음을 보여준다.

3. 이 복음의 전파에 하나님 손이 함께 하셨으며 사람의 지혜
   로는 헤아릴 수 없는 하나님의 비밀이 계시되어 전파하게
   되었다.

4. 이 비밀은 옛 태고 때부터 숨겨져 있다가 이제야 나타난
   것이다.

5. 이 비밀이 모든 사람에게 나타난 것은?

   ① 하나님의 명의로 사도들이 보냄을 받아 이방인에게 전
      해진 것이며

   ② 구약성서에 미리 예약되었고

③ 목적은 모든 사람을 신앙으로 이끌기 위해서다.

홀로 지혜로우신 하나님께 예수 그리스도를 통하여 영광이 영원히, 영원히 있기를…… 아멘!

그리고 폭발력 있는 바울사도의 대표작 로마서의 메시지(message)를 듣고 공부한 여러분에게 하나님의 무한한 축복이 임하시기를 예수 그리스도의 이름으로 축원합니다.

— 아멘 —

❧ 저자소개 ❧

구금섭(丘 金 燮)

• 약력 •

서울신학대학교 졸업
University of the city of Manila(B.S)
아세아연합신학대학교 대학원 신학 석사(M.A)
호서대학교 대학원 신학과 수학(Th.M)
성산효대학원대학교 사회복지학 석사(M.S.W)
Fuller Theological Seminary (D.Min)
국제신학대학원대학교 사회복지학 박사(Ph.D candi)
큰나무교회 담임목사
경서신학, 고려신학, 경인신학, 기독교대한성결교회 목회신학원(대학원) 출강
그리스도대학교 대학원. 한일장신대학교 사회복지학과 외래교수
서울신학대학교 대학원 강사

• 주요논저 •

「Redemptive Historical Preaching on the Desirable Formation of a Theology of
   Ministry」
「종교개혁 원리에 입각한 한국 교회 예배 갱신」
「John Wesley의 사회복지사상에 관한 연구」
「사회변화에 따른 효 윤리의 재고와 노인복지」
「사회복지와 Spirituality의 상관성」
『현대신학적 종말론 이해』(아세아신학사)
『낙방만세』(아세아신학사)
『요한웨슬레의 교회사회복지신학』(한국학술정보(주))
『로마서를 아십니까?』(한국학술정보(주))
『살리는 샘』(한국학술정보(주))
『구속사적 설교신학』(한국학술정보(주))

로마서를 아십니까?

• 초판 인쇄	2007년 6월 1일
• 초판 발행	2007년 6월 1일
• 지 은 이	구금섭
• 펴 낸 이	채종준
• 펴 낸 곳	한국학술정보㈜
	경기도 파주시 교하읍 문발리 526-2
	파주출판문화정보산업단지
	전화 031) 908-3181(대표) · 팩스 031) 908-3189
	홈페이지 http://www.kstudy.com
	e-mail(출판사업부) publish@kstudy.com
• 등 록	제일산-115호(2000. 6. 19)
• 가 격	7,000원

ISBN 978-89-534-6879-5 93230 (Paper Book)
　　　 978-89-534-6880-1 98230 (e-Book)